ジャータカ物語（上）
釈尊の前世物語

津田直子

第三文明選書14

＊本書はレグルス文庫155『ジャータカ物語（上）』（初版第二刷、二〇〇四年七月、第三文明社）を底本としました。本書には、現在では不適切とされる表現が一部ありますが、原本を尊重し、発刊当初のままとしました。また、底本の表記が一部不統一であったため、整理いたしました。（編集部）

装幀／クリエイティブ・コンセプト

この物語について

「ジャータカ」というのはお釈迦《しゃか》さまの〝前の世〟での物語です。今から約二千五百年ほど前、北インドのカピラヴァスツ（今のネパール領タラーイ地方）を都とする釈迦族の国に王子としてお生まれになったお釈迦さまは、出家して至上のお悟りを開かれ、仏陀《ぶっだ》（悟った人）となって多くの人々を救われました。

インドには古くから〝すべての生あるものは、その行いの善悪によって、それ相応の所へ生まれかわり死にかわりして、止むことがない〟という仏教にも取り入れられた「輪廻転生《りんねてんしょう》」と「業報《ごうほう》」の思想がありました。この流れの中で、仏教を誰にもわかり易《やす》く説くために、人々の間で親しまれ語り継《つ》がれていた民話や説話《せつわ》等を取り上げてそれを仏教的なものにし、また一方、新しく作られもしたのが「ジャータカ」でした。

そこでは王・王子・司祭官《しさいかん》・大臣・動物・鳥・師匠《ししょう》・樹神《じゅしん》・サッカ（帝釈《たいしゃく》）等さまざまな姿で、道を求めて善行《ぜんこう》と徳を積《つ》まれる、ボサツとしてのお釈迦さまの前の世が、限りない敬慕の念をこめて語られています。

なお、ここに童話の形で書かせていただきました「ジャータカ」は『南伝大蔵経』中の本生経《ほんしょうきょう》によるものです。

もくじ

挿絵＝山内弘美
本文レイアウト／デジタルワークス・アイヴィエス

ラセツは花を持って

昔、ある深い森の中に、母子のさるがひっそりと、群《むれ》から離《はな》れて住んでいました。子ざるはすくすく育って、やがて物事に分別《ふんべつ》のつくころになると、ずば抜けて力の強い、賢《かしこ》い雄《お》ざるになっていました。そんなある日のことです。息子《むすこ》のさるは改まった様子《ようす》で、

「お母さん、ぼくのお父さんはどこにおいでになるのですか」

と尋《たず》ねました。母親のさるはしばらく考えていましたが、口ごもるように、

「ある山のふもとで、さる王として一群《いちぐん》を率《ひき》いておいでです」

と答えました。これを聞いた息子のさるは目を輝《かがや》かせて、

「それではぜひ、ぼくをそこへ連れて行って下さい」

と頼んだのです。すると母親のさるはいつになく厳《きび》しい表情できっぱりと、

「それだけはできません」

と言ってから、納得《なっとく》がいくように訳《わけ》を話しました。

「あなたのお父さんは、息子が大きくなって、自分からさる王としての支配権を奪《うば》い取るのを恐《おそ》れて、子供が生まれるとすぐ歯で嚙《か》んで、雄ざるとして成長できないようにしてしまわれました。そこで私はあなたがお腹に宿《やど》ったのを知ると、そっと群から抜け出して、お父さんの目の届かないこの森に来て、あなたを生んで育てたのです」

息子のさるは黙ってその話を聞いていましたが、話が終わるといかにも青年らしい、きっぱりとした口調《くちょう》でこう言いました。

「お母さん、ぼくのことなら大丈夫です。少しもご心配はいりません。安心してお父さんの所へ連れて行って下さい。ぼくは十分、その辺《あた》りのことを飲《の》み込んでまいりますから」

そこで母ざるは案《あん》じながらも息子の願いを聞き入れたのです。

さて、いよいよ母子は父親のさる王がいる山のふもとに着きました。そこには見るからに気性《きしょう》の激《はげ》しい、岩のようにがっしりとした黒い大ざるが、どっかりとすわっていました。息子のさるは、生まれてはじめて会う父親の顔をまっすぐに見つめると、にっこりほほえんで頭を下げました。さる王は思いがけず突然《とつぜん》現れた、若々しく生気《せいき》溢れる青年ざるが、自分の息子だと知った瞬間《しゅんかん》、思わず（しまった）と二つの目玉をぎらりと鋭く光らせました。

（雌《め》ざるめ、いつの間にこんなことをしておったのだ。こいつは今に必ず、わしからこの群の支配権を奪い取るに違いない。今のうちに何とかして殺しておかねばならん）

こんな恐ろしいことを考えながら、黒い大ざるは胸の内とはうらはらに、いかにも父親らしい優《やさ》しさを顔いっぱいにみなぎらせて、懐《なつ》かしそうに息子のさるに近づくと、

「息子よ、わしがお前の父親だよ。こんなに長い間、一体《いったい》どこでどうして暮らしていたのかね。でもまあ、よく帰って来た。こんなにたくましくなって――」

こう言いながら、可愛《かわい》くてたまらないとでもいうように、太い両腕《りょううで》を大きく広げてぐっと抱きしめざま、ものすごい力で一気に息子をしめ殺そうとしたのです。ところが息子の力はそれ以上でした。父のさる王が自分を殺そうとしているのを知ると、息子のさるは象のような力で、こんどは逆に、さる王の骨が粉々《こなごな》に砕《くだ》けてしまうほどぐいぐいとしめ返したのです。あわてたさる王は急いで息子から身体《からだ》を離《はな》しました。息子のさるは動《どう》じた色もなく、まるで何事《なにごと》もなかったように平然と、もとの所に立っています。さる王はその姿を見て本当に驚《おどろ》いてしまいました。

(何という恐ろしい奴《やつ》だろう。これはただものではない。この若さで、わしの心の奥《おく》底《そこ》までも見通《みとお》している。こいつは将来《しょうらい》、必ずわしの命を取るだろう。一日も早く何とかせねばならん)

さる王は、息子を殺すてだてをあれこれ思案《しあん》したあげく、一つのうまい方法を考えつきました。

(そうだ。あの恐ろしい、誰も生きて帰ったことのないラセツ(人間や動物を食べる

悪鬼《あっき》」の住む池へ遣《や》って、あいつをラセツに食わせてしまおう）

こう心に決めると、こんどはゆったりとした、さる王にふさわしい調子で言いました。

「息子よ、わしはもう年を取った。お前にこの群の支配権を譲《ゆず》りたいと思う。ついてはさっそく、今日からお前をわしの後継《あとつ》ぎとして王にしよう。その儀式《ぎしき》に使うために、わしがこれから教える池へ行って、そこに咲いている色とりどりのはすの花を採《と》って来るのだ。さあ、すぐに行きなさい」

息子が教えられた池に近づくと、そこには果《は》たして色とりどりの美しいはすの花が咲いていました。しかし、賢《かしこ》くて用心深い息子のさるは、いきなり池に降りて行くようなことはしません。ゆっくりと池の周囲をしらべて回ったのです。すると、降りて行った足跡《あしあと》はあっても、上がって来た足跡がありません。

（これは恐ろしいラセツの住む池に違いない。お父さんはぼくを自分で殺せなかったものだから、この池のラセツに食べさせようとしたのだな。よし、それならば池に一歩も入らずに、花を折《お》り採ることにしよう）

息子のさるは、ラセツの支配している水の中には降りないで、水の無い岸辺《きしべ》のしっかりした場所を選ぶと、そこからえいっとばかりに一跳《ひとと》びして、跳びながら水面に出ている二本のはすの花を採って、向こう岸に立ちました。それからこんどは同じようにして、また二本のはすの花を採って、元の岸に跳び帰ります。これを幾度も繰《く》り返《かえ》したのです。両岸にはみるみる美しいはすの花が積《つ》み上げられていきました。

(もうこれ以上は持てない)

息子のさるは両岸の花を一所《ひとところ》に集めて束《たば》ねはじめたのです。

するとこの時、この池に住むラセツが、水を二つに分けて池の中から出て来ました。ラセツはこの若い一匹のさるの様子を、はじめからずっと見ていたのです。一歩も自分の支配する領域《りょういき》には足を入れずに、しかも欲しいだけの花を折り採った、その知恵《ちえ》と勇気と熟練《じゅくれん》した身のこなしの見事《みごと》さに、ラセツは驚嘆《きょうたん》して、称賛《しょうさん》の言葉を贈《おく》らずにはいられなかったからです。

「何というすばらしさでしょう。あなたのように、熟練された身のこなしとたぐいま

ラセツは花を持って

れな勇気と知恵の三つを兼《か》ね具《そな》えた方は、必ず敵を征服なさるものです。私は長い間ここに住んでいましたが、あなたのような方を見るのははじめてです」

ラセツはこう言ってからふしぎそうに、

「それにしても、何のためにこの花を採られたのですか」

と聞きました。

「父が今日、私を王にしたいからと、この池へはすの花を採りに来させたのです」

息子のさるは答えながら、大きな花束を持ち上げようと身をかがめました。するとラセツは急いでそれをとめて、

「あなたのように、優《すぐ》れた中でも優れた方が、ご自分で花を持たれるものではありません。花は私がお持ちしましょう」

と、大きな花束を捧《ささ》げるように持って、息子のさるの後《あと》からついて行ったのです。

遠くからこれを見たさる王は、あまりのことに自分の目を疑いました。

（こんなことがあるものだろうか。生きて帰ったもののないあの池から、食われたは

ずの息子が、恐ろしい池の主《ぬし》、ラセツを従えて帰って来る。しかもラセツははすの花束を捧げるようにして持っている。ああ、これでもうすべての望みは失われた――)

こう思ったとたん、さしもの黒い大ざるの心臓《しんぞう》も、たちまち七つに裂《さ》けて、大ざるはそのままどうと倒れて死んでしまいました。

そこでさる達はこのすばらしい息子のさるを、自分達の新しい王さまにしたのでした。

ライオンとジャッカル

昔、ある山のほら穴に、ライオンの夫婦が住んでいました。雄《おす》のライオンは堂々《どうどう》とした大きな身体《からだ》に、ふさふさとした金色《きんいろ》の美しいたてがみを持っていました。このライオンがえものをねらって一気に走り出すと、たてがみはまるで光のかたまりのようになって輝《かがや》くのです。山の動物達はその姿を見ただけで、急《いそ》いで隠《かく》れるのでした。

ある日のことです。ライオンはゆうゆうと高い岩角《いわかど》に立って辺《あた》りを見回していましたが、湖のほとりで、一頭の若いしかが柔らかな青草を食べているのを見ると、一気に身を躍《おど》らせてそのしかに飛《と》びかかりました。しかは必死で横っ飛びに逃げましたから、勢いあまったライオンは、そのまま青草の生《は》えている、固《かた》まりかけていた泥土《どろつち》の中に、ずぶっとばかり四本の脚《あし》を突っ込んでしまったのです。

身の軽い動物なら歩くこともできました。けれども大きなライオンが、それも高い所から勢いよく飛び降りたのです。脚は深くめり込んで、身動き一つできません。ライオンは仕方《しかた》なく七日の間、何一つ飲《の》まず食べずに、ただ泥土の中に立っていました。

そこへ、一匹のジャッカルが食べ物を探しに来たのです。ジャッカルはライオンの姿を見るとぎくっとして、あわてて逃げ出しました。

「ジャッカル君」

ライオンはそれを呼びとめて頼んだのです、

「君、力を貸《か》してくれませんか。私は泥土の中に落ち込んで、動けないでいるのです」

けれどもジャッカルは要心深《ようじんぶか》く、

「そんなことを言って、助けたとたんに私を食べるのではありませんか」

となかなか近づこうとしないのです。

「絶対《ぜったい》にそんなことはしません。必ず、あとあとまでも、私は君を大切にします」

ライオンはこう固く約束をしました。そこでジャッカルはライオンのそばに来ると、まず前足と後《うし》ろ足の回りの泥土を取って、湖の水が流れ込んで来るように、小さなみぞを作りました。こうして、脚の回りの土が柔《やわ》らかくなると、ジャッカルは素早《すばや》くライオンのお腹の下にもぐり込むなり、

「全力を出してっ」

と叫《さけ》んで、力いっぱい自分の身体をライオンのお腹にぶっつけたのです。ライオンはその力を借《か》りて、

「えいっ」

とばかりに、死にもの狂いで飛び上がると、しっかりとした地面の上に立ちました。助かったのです。

「ありがとう、君」

ライオンはほえるような声で、心から嬉《うれ》しそうにお礼を言いました。湖水で泥《どろ》だらけになった身体をそれぞれ洗い終わると、ライオンは水牛を一頭つかまえて来て、す

ぐ食べられるようにしてから、ジャッカルの前に置きました。ジャッカルが十分食べたあとで、こんどは七日ぶりに自分もまたお腹いっぱい食べたのです。やがて一休みすると、ジャッカルは一切れの肉を食いちぎって、

「奥さんにどうぞ」

と差し出しましたが、ライオンはそれをジャッカルの妻へのおみやげにさせて、自分の妻のためには自分で一切れ食いちぎりました。

ライオンはジャッカルのすみかまで行って、その妻にもお礼を言い、ジャッカルの夫婦を連れて自分のすみかへ帰ると、すぐそばにある、住み心地《ごこち》の良い広々としたほら穴にジャッカルの夫婦を住まわせました。

それからは毎日、ライオンとジャッカルはそろってえものを探しに出かけたのです。何といっても百獣の王と言われるライオンと、すばしっこいジャッカルが一緒《いっしょ》です。えものはいつも十二分にありました。

妻達は満足して豊かに暮らしていましたが、やがてどちらにも可愛《かわい》い子供が二匹ず

つ生まれました。ライオンは自分の子供達と同じように、ジャッカルの子供達を可愛がって、いつも優《やさ》しく見守っていましたから、二つの家族は互いに仲良く、楽しい毎日を送っていました。

そんなある日のことです。ライオンの妻はふと、とんでもないことを考えはじめたのです。最初はほんの軽い思いつきでした。けれどもそれはいつの間にかどんどん大きくふくれ上がって、しまいにはお化けのように胸をまっ暗《くら》に占領してしまったのです。

（お父さんがあんなにジャッカルの家族に優しいのは、あの奥さんが好きだからに違いない）

一度こう思い込むと、ライオンの妻はまるで気でも違ったようにじっとしていられなくなって、夫達が出かけるとすぐ、二匹の子供を連れてジャッカルのすみかへ行きました。

入口につっ立ったライオンの妻は目をつり上げて、

「ジャッカルの奥さん、もともとここは、百獣の王ライオン族の住む所です。あなた方ジャッカルなんかの住める場所じゃありません。いつまで大きな顔をして、図々しくそこにいるつもりなのですか」

と激《はげ》しい調子で言い捨てると、さっさと帰ってしまいました。子供達も母親をまねて、昨日まであんなに仲良く遊んでいたジャッカルの子供達に、口をゆがめて悪口をあびせかけてから、

「早く出て行け」

と言ったのです。ジャッカルの母子は突然《とつぜん》のことに返《かえ》す言葉もなく、ぼうぜんとしていましたが、夫が帰って来ると妻はその一部始終を話して、

「これはライオンさんのお気持ちのあらわれではないかと思います。ここにいては危険です。私達は何といっても弱いジャッカルです。早くもとのすみかへもどりましょう。今までのように豊かな暮らしはできなくても、命の方が大切です。殺されるかもしれませんから」

と言いました。これを聞いたジャッカルは、ライオンの所へ行って、

「ライオンさん、長い間、本当にいろいろありがとうございました。けれどもあまりいつまでも、ご厚意に甘えていてはいけないと思います。今日から私達はもとのすみかへもどります」

と、お別れのあいさつをしました。ライオンは急な話に驚《おどろ》いて訳《わけ》を尋《たず》ねましたが、それが自分の妻や子供達から出たことを知ると、

「それはまったく、私の知らなかったことです」

とはっきり言って、妻や子供の思いもよらない無礼を心から深くわび、

「いつまでも、今までのように仲良く暮らしていこうではありませんか。命の恩人である君に対する私の心は、前と少しも変わってなどいないのです」

と一生懸命でジャッカルを思いとどまらせました。ジャッカルが帰って行くと、ライオンは家族を集めて妻に向かって言いました。

「お前は昔、私が七日の間、帰って来なかったことを覚えているか」

妻はそれを覚えていました。けれどもその時何が起こったのかを、すっかり忘れて

いたのです。ただジャッカルの夫婦と一緒に夫が帰って来たことだけは、覚えていました。そこでライオンはその時のことを、妻と子供達を前にして一つ、一つ、じゅんを追って話して聞かせたのです。

「……ジャッカル君は私の命の恩人です。もしあの時ジャッカル君が私を恐《おそ》れて力を貸してくれなかったら、私は泥土の中で飢《う》えのために死んでいたに違いない。私の言葉一つを信じて、工夫《くふう》をこらし、自分の身体をばねにして私を救ってくれた、あのジャッカル君の尊い心を決して忘れてはなりません。どれほどのことをしても、このご恩は返せるものではないのです。わかりましたね」

ライオンの妻も子供も泣いていました。取り返しのつかないことをしてしまった後悔と恥《は》ずかしさに、どうしたらいいのかわからない気持ちのまま、すぐに母子はジャッカルの所へ行って、心の底から、自分達の申し訳ない無礼を許《ゆる》して下さいとあやまりました。

それからは、前にもましてこの二つの家族は仲むつまじく、長く幸せに暮らしたということです。

おしゃべりをやめた王さま

昔、ある所にたいへんおしゃべりな王さまがありました。この王さまが一度話しはじめると、誰一人意見を述べるどころか、やめさせることさえできなかったのです。重臣達は困り切っていました。中でも王さまの先生であり、相談役でもあった一人の大臣は、いつもこのことが気がかりでなりません。夜も昼も心の休まる時がなく、

（このままでは、いつか必ず王さまは、ご自分のおしゃべりのために、身を滅《ほろ》ぼしてしまわれるに違いない。取り返《かえ》しのつかないことにならないうちに、何とかしなければ――）

と思案《しあん》にくれていたのです。

ちょうどそのころ、ヒマラヤ山のふもとに近い湖に、一匹のかめが住んでいて、たまたまそこへ飛んで来た二羽《わ》のがちょうと、すっかり仲良くなりました。そのころがちょうは、まだ今のように人間に飼《か》いならされていませんでしたから、自由に空を飛ぶことができたのです。そこで自分達がいろいろな所で見て来た珍《めずら》しいことや面白いことを、かわるがわる、この湖よりほかには行ったことのないかめに、話して聞かせるのでした。かめはとっても喜んで、それこそいつも首を長くして、二羽が来るのを待っていたのです。優《やさ》しいがちょう達はそんなかめを見ていると、何とかして一度は自分達の住んでいる、見はらしのいい高い山の上に連れて行って、特別おいしい空気を吸わせてあげたいと思うようになりました。これを聞いたかめは、

「すばらしいだろうなあ、そんな所へ死ぬまでに一度でいいから行ってみたい。でも、ぼくには羽根がないんだもの、むりだね――」

とちょっと悲しそうに、首をかたむけて言うのでした。がちょう達は、

「その心配なら少しもいらないよ。ぼく達が連れて行ってあげるから」

とさっそく、具合の良さそうな一本の棒《ぼう》を探して来ました。ぼく達が両端《りょうはし》をくわえて飛び立つから。

「かめさん、君はこれをしっかりと噛《か》んでいるんだよ。ぼく達が両端をくわえて飛び立つから。そのかわりあちらに着くまでは、たとえどんなことがあっても、一言もものを言ってはだめなんだよ。一度口を開いたら最後、下に落ちて死んでしまうのだからね。大丈夫かしら、間違いなくずっと黙っていてくれるかしら」

　がちょう達は、連れて行くと言い出しはしたものの、いざとなると心配になって来て、何度も何度も念を押しました。かめは生まれてはじめての空中旅行にすっかり興《こう》奮《ふん》して、短いしっぽを元気よくふりながら、

「もちろんだとも。絶対に、どんなことがあったって、ものなんか一言だって言わないよ」

と約束しました。そこで二羽のがちょう達は棒の両端をくわえ、大空にさっと舞い上がったのです。棒のまん中には円《まる》いかめがぶらりとぶら下がっています。やがてこれを見つけた子供達は、びっくりしたり、面白がったりで大騒ぎになりました。子供

達は空を見上げて、口々にはやし立てたのです。

「見ろっ、かめが空を飛んで行くぞおー」

「ほんとだ。やーい、かーめのかーめのぶーらぶら」

「かーめのかーめのくーしざし」

かめは何を言われても、しばらくの間はじっと我慢《がまん》をしていました。けれどもだんだん腹が立って来て、とうとうしまいには、あんなにがちょう達に注意されていたことも、自分が今、どういう状態にいるかということもすっかり忘れて、思わず、

「あくたれ小僧《こぞう》めがっ」

と叫《さけ》んでしまったのです。それはちょうど、王さまの宮殿の中庭の真上にさしかかった時でしたから、ひとたまりもありません。あっという間にかめは、一面に敷きつめられた堅いしきがわらの上に落ちて、まっ二つに割れて死んでしまいました。

空からかめが降って来たというので、人々は中庭に飛び出して大声を出しています。王さまはこれをご覧になると、先生であり、相談役でもある大臣に、

おしゃべりをやめた王さま

「このかめは、一体《いったい》どうしてこんな所に落ちて来て、死んでいるのであろうか」

と尋《たず》ねられました。大臣はたいへん賢《かしこ》くまた注意深い人でしたから、二羽のがちょうが一本の棒の両端をくわえたまま、はるか向こうへ飛んで行くのを見るとすべてを察して、これこそ王さまをお諭《さと》しする絶好の機会だと思ったのです。そこで、

「王さま、このかめは黙っていなければならなかった時に、よく考えもせずものを言ってしまったのです。そのためにこうして命をなくしたのでございます」

と、自分が今見た、二羽のがちょうがくわえていた一本の棒の話をして、詳《くわ》しく説明をいたしました。そして、

「王さま、賢いものは、必要なこと以外は言わぬものでございます。多言《たげん》は、身を滅ぼすもとです」

と申しそえました。さすがは王さまです。尊敬《そんけい》する大臣のこの一言に深く反省させられると、その時以来ぷっつりと、あれほどのおしゃべりをやめ、先生である大臣の教えを守って、王者にふさわしい言葉少なく落ち着きのある、立派な王になりました。

こうして大臣の長い間の心配はすっかり消え、やがて王さまは回りの国々からも尊敬されるようになって、幸せな生涯を送ったということです。

金色《きんいろ》のしか

　昔、ベナレス（バラナシ）の町にばく大な財産を持つ商人がいました。商人は一人息子《むすこ》のマハーダナカに学問らしいことを少しもさせずに育てたのです。それは下手《へた》に学問などをさせて、家業の妨《さまた》げになっては困ると考えたからでした。けれどもそれは裏目《うらめ》に出て、マハーダナカは何不自由のない生活の中でわがままいっぱいに、踊《おど》ったり歌ったり、食べたり飲《の》んだりすること以外は何も知らない、考えのない男になっていたのです。やがて両親はつぎつぎにこの世を去って、ばく大な財産がマハーダナカのものになりました。そうなると、飲んだくれやばくち打ち、遊び好きのならず者達がマハーダナカの回りに、はげたかのように集まって来ました。マハーダナカはみんなにちやほやされながら、うかうかと遊び暮らしていましたが、やがてさしもの財産も底をついて、気がついた時には借金だけになっていたのです。マハーダナカは借金の厳《きび》しい取り立てにだんだん耐《た》え切れなくなって、こんな思いをするくらいなら、いっそ死んでしまおうと、ある日、債権者《さいけんしゃ》達に向かって言いました。

「みなさん、今日は全額をお返《かえ》ししますから、私と一緒《いっしょ》に証文《しょうもん》を持って来て下さい。ガンジス河の岸には私達一族の財産が隠《かく》してあるのです」

そこでみんなはマハーダナカについて行ったのです。ガンジス河の岸まで来ると、マハーダナカはさも忙しそうに、

「そこに埋《う》めてあるのです――あそこにも埋めてあります――」

と言いながらあちこち歩き回っていましたが、それはみんなのすきをみて、ガンジス河に身を投げるつもりだったからです。もちろん財産などはじめからどこにも埋められてなどいませんでした。そうこうしているうちに、マハーダナカはいきなり走り出したかと思うと、ガンジス河に飛び込みました。あっ気に取られている債権者達の

目の前を、マハーダナカはみるみる遠くの方へ押し流されて行ったのです。

さて、マハーダナカは激《はげ》しい流れに浮きつ沈みつしはじめると、こんどはその苦しさに、今の今まで死のうとしていたことなどまるで忘れて、声を限りに、

「助けてくれーっ、助けてくれーっ」

と叫《さけ》びはじめました。こうして長い河を助けを求めながら、どんどん流されて行ったのです。やがてマハーダナカの声は次第に息もたえだえの悲鳴《ひめい》に変わっていきました。

これを耳にしたのが、一頭の金色のしかでした。金色のしかは群《むれ》から離《はな》れてただ一頭、サラとマンゴーの花がいっぱいに咲き乱れている、入り江に近い林の中で、静かに眠っていたのです。身体《からだ》は一点の曇りもない金色の毛で被《おお》われ、すらりと伸びたばねのように強靭《きょうじん》な四本の脚《あし》は牛乳を塗《ぬ》ったように白く、尾は長くて、二本の角《つの》は精巧《せいこう》な作りの銀の鎖《くさり》を巻きつけたように輝《かがや》いていました。二つの眼はみがき込んだ摩尼珠《まにしゅ》のように深々とした光をたたえ、口の中は真紅《しんく》のビロードのようでした。この神々《こうごう》しいまでに美しい姿と同じように、その心もまた気高《けだか》く美しいものだったのです。金色

のしかは真夜中だというのに、とぎれとぎれの悲鳴を聞くなりぱっとはね起きると、

(あれはたしかに人間の声だ。何としてでも助けなければ)

と、全速力で河岸まで走って行きました。

「しっかりするのです。今、私が助けてあげますから」

金色のしかは人間の言葉でこう言うと、河に入って激しい流れを押し切りながら泳《およ》ぎはじめたのです。マハーダナカの頭は水の上に浮いたり沈んだりしています。金色のしかはそんなマハーダナカをやっとの思いで自分の背中に乗せると、角につかまらせて、必死で岸まで運び上げました。その上、一休みすると、こんどは自分の住んでいる所まで連れて行って、果物《くだもの》などを十分に食べさせてやったのです。おかげでマハーダナカは二、三日経《た》つと、すっかり元気になりました。

「このご恩返しには、どんなことでもさせていただきます」

何度も何度も頭を地にすりつけてこう言うマハーダナカを見た金色のしかは、

「もう力もついたようですね。一人でベナレスへ帰れる所まで、私が連れて行ってあ

げましょう。ただその前に一つだけ、ぜひ約束しておいて欲しいことがあるのです。それは私がここに居ることを、間違っても王さまや大臣達に言わないということです。あなたは今ここで、それを私に誓《ちか》うことができますか」

と尋《たず》ねたのです。するとマハーダナカはそくざに、

「誓います。どうして人に教えたりなどいたしましょう。ご安心下さい。あなたは私の命を助けて下さった方なのです」

と約束を守る誓いを立てました。

そこで金色のしかはマハーダナカを背中に乗せて、ベナレスへの道まで送って行ったのです。

ところがちょうど、マハーダナカがベナレスの町に着いた日の明《あ》け方、この国のおきさきは金色のしかが、えも言われぬ美しい声で、尊《とうと》い法を説くふしぎな夢を見たのです。おきさきにはとてもそれがただの夢だとは思われませんでした。このような金色のしかは必ずどこかにいる。だからこそあんなにもはっきりと私の夢に出て来たの

だ。何とかしてあの神々しいしかの口から、じかに尊い法を聞きたいものだと、おきさきはさっそく王さまの所へ行って、夢の話をして申しました。

「王さま、金色のしかは必ずどこかにいるはずでございます。王さまのお力で、どうか私の望みをかなえて下さいませ。もしこの望みがかなえられません時には、私は死んでしまうことでしょう」

おきさきのこの言葉に、王さまはあわてて国中のバラモンを呼び集めさせると、果《は》たしてこの世の中に金色のしかがいるかどうかを尋ねました。するとバラモン達は、

「王さまそれはたしかにおります」

と答えたのです。そこで王さまはさっそく家来《けらい》に言いつけて、一頭の立派な象を美しく飾《かざ》らせ、その背に一千金の袋を入れた見事《みごと》な黄金《おうごん》の箱を乗せ、一人の大臣に王の名による一文を彫《ほ》りつけた黄金の板を持たせて、町中を回るように命じました。それにはこう彫ってあったのです。

〝誰なりと、金色のしかの居場所を教えた者には、一千金の入った黄金の箱とこの象

を、望みとあればさらによい象を与えるであろう〟

大臣がそれを持って出かけようとすると、王さまはそれだけではまだ足りないとでも思ったのか、大臣を呼びとめて言いました。

「大臣よ、町の人々に余《よ》の言葉として、これもぜひつけ加えて伝えてまいれ。『収入多く豊かな村と、豪華《ごうか》な装身具を身につけた美しい婦人をも、余はまたその者に与える』とな」

大臣は命じられた通り、文字を刻《きざ》んだ黄金の板を持ち、この言葉を添《そ》えて町中をふれ歩きました。

マハーダナカはベナレスの町に入ってこれを聞くなり、あまりのすばらしい財宝の数々に目がくらんで、すぐさま大臣の所へ行くと、

「私がそれを知っています。申し上げますから、今すぐ王さまの所へ連れて行って下さい」

と言ったのです。大臣と一緒《いっしょ》にさっそく現れたマハーダナカを見た王さまは、

「本当にそちはそれを知っているのか」

と驚《おどろ》いて尋ねました。

「王さま、私はそれを知っております。私こそごほうびにあずかることのできる世にも幸せな男なのでございます」

マハーダナカは得意満面《とくいまんめん》で答えました。事のいきさつをまったく知らない王さまは、それこそ大喜びでその日のうちに軍隊を引き連れると、マハーダナカを道案内に、金色のしかが住んでいる所へ向かいました。林のすぐ近くまで来ると、マハーダナカは軍隊をとめさせて、

「王さま、あれ、あそこにいるのが仰せの金色のしかでございます」

と教えたのです。王さまはまず、しかのいる茂《しげ》みの回りを遠巻きにさせると、すき間なく武器を持った兵士達で取り囲《かこ》ませました。それから一せいにときの声を上げさせたのです。金色のしかはその声で、王さまの軍隊が自分をつかまえに来たことを知りました。様子《ようす》を見て、どこにも逃《に》げ場のないことがわかると、落ち着いて王さまの

姿を探しました。こんな時には王さまのそばへ行くのが一番安全だと考えたからです。しかはすぐ、まっしぐらに王さまの所へ向かって走り出しました。これを見た王さまは思わずたじたじとして、

（象のように強いと聞くしかの中のしか王だ。まともにやって来られてはとてもたまるまい。まず、矢をつがえておどしてやろう。それでもまだ来るようならば、その時には矢を放って、対手《あいて》の力を弱くしてからつかまえよう）

こう思って手早く弓矢を取って身構《みがま》えました。これを見た金色のしかは遠くから、よく通る人間の言葉で呼びかけたのです。

「王よ、しばらくそのお手をとめられよ。私に矢を射《い》かけられてはなりません。私がここに住むことを、誰があなたにお教え申しましたか」

その声のあまりにも気品《きひん》に満ちた美しさに、王さまは思わず弓矢を捨てましたが、近づいて来るしかの神々しいとしか言いようのない立派な姿を見ると、こんどは我を忘れて見ほれてしまいました。金色のしかが摩尼珠のように輝く深々とした目に、友

金色のしか

愛の情をたたえて王さまのかたわらに立った時、人々はみな手に持っていた武器を放《ほう》り出して、王さまと金色のしかを取り巻いてぼうぜんと立っていたのです。

しかは金の小鈴を振るような透《す》き通った声で、もう一度王さまに尋ねました。

「私がここにいることを、誰があなたにお教え申したのでしょうか」

この時、マハーダナカはさすがにそっと人影に身を隠《かく》そうとしました。けれども間《かん》一髪《いっぱつ》、王さまはそんなマハーダナカを指さして、

「あの男が余に教えたのだ」

と言ったのです。マハーダナカの姿を見た金色のしかは、裏切り者を厳しく責めました。これを聞いて驚いた王さまは、一体《いったい》どんなことがあったのか、詳《くわ》しく話すようにと言いました。そこでしかはマハーダナカとの一部始終を物語ったあと、

「王さま、心の卑《いや》しい人間との交《まじ》わりは、まことに苦しいものでございます」

と言って口をつぐんだのです。

こんどは訳《わけ》を知った王さまが、烈火《れっか》の如《ごと》く怒り出しました。

「何たることだ。こともあろうに命がけで、おぼれかけていた所を助けてくれた大恩あるこのしか王を、財宝欲しさに売ったとは。恩知らずの破廉恥漢《はれんちかん》め、生かしてはおかぬ。余がこの手でたった今殺してやる」

王さまは素早《すばや》く弓矢を取り上げて、マハーダナカにねらいをつけました。金色のしかはとっさに、

（自分のためにこの男を殺させてはならない）

と、

「王さま、たしかにその男は愚《おろ》かで実に悪い人間でございます。けれどもどうか殺さずに、家へ帰してやって下さい。賢人《けんじん》は殺すことを好みません。それに、王として先にその男と約束されたことだけは、果たされるべきでございます。そしてこの私は、王さまの思《おぼ》し召し通りにいたしましょう」

王さまは最初にこの金色のしかが、人間の言葉で世にも美しく語りかけて来たその時から、言いようのないおそれと尊敬《そんけい》の念でいっぱいになっていましたが、今またこ

うして、改めて王者としての道を教えられると感極《かんきわ》まって、

「麗《うるわ》しくも気高い金色のしか王よ、あなたこそ賢人と言われるべきです。すべてお教えの通りにいたします。そしてあなたはお心のままに、つつがなくお帰り下さい」

と言いました。けれども金色のしかは、

「王さま、人間は目の前で話す事と、影《かげ》でする事とがまるで違っているものです」

と答えるばかりでした。王さまは自分の誠意を何とかして伝えたいと、

「しか王よ、余は決してそのような人間ではない。この王国をかけても、あなたとの約束は必ず守ります」

と誓ったのです。そこで金色のしかは自分をはじめ、一切の生き物に対する『命の保証』を王さまに願い出ました。王さまはこれを約束してから、ベナレスへ一緒に連れて行ったのです。町はすみからすみまで金色のしかを迎えるために美しく飾られていました。こうしてついにおきさきは、夢ではなく本当に、金色のしかから尊い教えを聞くことになったのです。おきさきだけではありません。王さまも大臣も、すべて

の人々がそれぞれに、金色のしかの口から流れ出る、気高く美しい声で、心の奥底《おくそこ》を照らさずにはおかない、何よりも大切な教えを聞くことができたのです。こうして金色のしかは林へ帰って行きました。

王さまは金色のしかとの約束を守って、『一切の生き物に命の不安を抱かせてはならぬ』という厳しいおふれを国中に出しました。こうなるとこの国の人々は誰も生き物に手を出すことができません。そのために、恐《こわ》いもののなくなったしかの群は、せっかく作った畑の穀物《こくもつ》を食べ放題《ほうだい》に食べ荒《あ》らしはじめました。人々はたまりかねて王宮へ押しかけました。何とかしてほしいと王さまに訴《うった》えたのです。けれども王さまは、

「たとえこのことのために孤立無援《こりつむえん》となって、余がこの王国から追放《ついほう》されようとも、しか王との約束を破ることだけはできない」

ときっぱり言い切ったまま、一歩も引こうとしないのです。人々は仕方《しかた》なくすごすごと帰りましたが、このうわさはまたたくうちに国中に広がりました。

金色のしかはこれを知ると、すぐさましか達を集めて、

「今日からは決して人間の作った穀物を食べてはいけない」とよく言い聞かせると同時に、一方では人々に、耕作地《こうさくち》だということが一目でわかるように、「印《しるし》」として木の葉を結びつけておくように伝えたのです。

こうしてしかの害はまったくなくなりました。

金色のしかと王さまはそれ以来、ますます強い信頼《しんらい》と尊敬の念を互いに持ち合うようになり、その気持ちは生涯変わることがありませんでした。

年のじゅん

昔、ヒマラヤ山の中腹に、まるで林かと思われるほどうっそうと茂《しげ》った、一本のあこうの木が生《は》えていました。その近くにしゃことさると象が、仲良く一緒《いっしょ》に暮らしていたのです。この一羽と一匹と一頭は、お互いを敬愛し合っていましたから、互いに相手の言葉には素直に従って、いつもけじめのある、気持ちのいい生活を送っていました。

ところがそれがこのごろ、だんだん崩《くず》れはじめて来たのです。長年一緒に居てなれすぎたからでしょうか、お互いへの敬愛もしだいに薄《うす》れて、今では相手の言うことに従おうともせず、思い思いにしたいことをして日を過ごすようになっていたのです。

自由で気ままな生活は気楽で都合がいいはずでした。けれどもしばらくするうちに、しゃこもさるも象も、それぞれどうにも落ちつけず、何かしら心さみしくなって来たのです。

（このままではいけない。こういう生活は私達らしくないのだ。やはり年長者を立て、秩序《ちつじょ》のある、きちんとした生活をしなければ――）

こう思ったので、ある日みんなで集まりましたが、さてとなるとお互いの年がまるでわかりません。これにはすっかり困って、どうしたらいいものかと頭を寄せ合って思案《しあん》していましたが、やがてとてもいい方法を思いつきました。

みんなはあこうの木の根元にすわって、まずしゃことさるが象に向かって聞きました。

「象さん、君はこの木を、いつごろから知っていましたか」

「私がまだ、よちよち歩きの子供だったころ、この木は小さな若木でした。私はいつもそれをまたいで歩いていました。私がおとなになった時、一番高い枝がやっとおへそに届いたのです。私はこの木が、まだほんの低い若木のころから知っています」

つぎはさるが聞かれて答えました。

「私が小ざるだったころ、地面にすわって首を伸ばすと、この木の若い、それも一番上の新芽が食べられました」

最後にしゃこが、

「昔、ある所に一本の大きなあこうの木があって、私はその実を食べてから、ここに来て糞《ふん》をしました。そこからこの木が生えたのです。考えてみると、どうやら私が一番年を取っているようですね」

と答えたので、これではっきり年のじゅんがわかりました。さると象は、きちんと姿を改めて、

「しゃこさん、あなたは私達の中で一番お年上です。これからはあなたを敬い、大切にして、おっしゃることに従います。年長の方に対する礼儀を守って、心からお世話をいたします。どうかしゃこさんは、私達を教え導いていって下さい」

と言いました。

それからというもの、しゃこは年長者としての責任をもって、さると象を正しく指導し、生活のきまりを守らせ、自分もまたそれを厳《きび》しく守りました。こうしてお互いへの敬愛の念は再び深まり、前にもましてけじめのある、気持ちのいい毎日を送っていましたが、やがて寿命《じゅみょう》が尽《つ》きると、しゃこもさるも象も、みんな天上界に生まれて行ったということです。

おおかみの断食《だんじき》修行

　昔、一匹のおおかみがガンジス河の岸にある岩の上に住んでいました。ヒマラヤの雪どけ水が流れて来るころには、河は急に水かさを増して激《はげ》しく流れ出します。そんなある日のことでした。おおかみの住んでいる岩が、みるみる水に囲《かこ》まれて、気がついた時には離《はな》れ小島のようになってしまっていたのです。おおかみは食べる物もなく、食べ物を探しに行くこともできないで、仕方《しかた》なく岩にすわって、ごうごう音を立てて流れている水を眺《なが》めていました。おおかみは考えたのです。

（こうやって、何もできずにただすわっているよりも、同じことならこんな時に、一つ大決心をして断食《だんじき》の修行をしよう。その方がずっといい）

そこでいつもは動物の血や肉が大好きなおおかみが、一念発起《いちねんほっき》して断食修行をはじめたのです。

けれども神々の王サッカ（帝釈《たいしゃく》）には、おおかみのこの決心がそれほど確《たし》かなものではないことがわかっていました。そこでサッカは羊の姿に身《み》を変えて、おおかみのすぐ近くまで行って立ったのです。すると案《あん》の定《じょう》、大決心をして断食修行に入っていたはずのおおかみが、目玉をぎょろりと光らせたかと思うと、

（断食修行はまたほかの日だ）

と素早《すばや》く羊に飛《と》びかかりました。サッカの羊はそんなおおかみを、たくみにかわして逃《に》げ回ります。ついにおおかみはあきらめて、もとの所に帰って来ると、

「よし、やっぱり断食修行を続けよう」

こうひとりごとを言いながら、また前のようにすわり込《こ》んだのです。

これを見たサッカは空中に立つと、

「お前のように中途半端《ちゅうとはんぱ》で弱い意志しか持てないものが、どうして断食修行などでき

るものか。お前は羊を見たとたん、それがこの私だとも知らないで、羊の肉を食べようと、やにわに飛びかかって追って来たではないか。何が断食修行だ」

と厳《きび》しくおおかみの不心得《ふこころえ》を責《せ》めてから、天に帰って行きました。

いのししのトンカ

昔、ベナレスでブラフマダッタ王が国を治《おさ》めていたときのことです。一人の大工《だいく》が柱にする木を探そうと、森の中に入って行って、おとし穴に落ちている一匹の小さないのししの子供を見つけました。かわいそうに思った大工は、そのいのししを助け出したのです。するといのししの子供は、そのままちょこちょこと大工の後《あと》からついて来て、とうとう一日中そばを離《はな》れませんでした。夕暮れ近くなって森を出ようとした大工は、心細そうにいつまでも後を追って来る小さないのししの子供を、とても暗《くら》い森にそのまま置き去りにすることができなくて、とうとうベナレスに近い、大工達の住む村にある自分の家まで連れて帰って来たのです。いのししの子供は日に日に大きくなりました。大工は「トンカ」という名前をつけて、自分の子供のように可愛《かわい》がって育てたのです。大工とトンカはどこへ行くのも一緒《いっしょ》でした。

やがてトンカは、立派なきばを持つ、堂々としたいのししに成長しました。大工が仕事をする時には、いつもトンカが手伝います。大きな鼻で器用《きよう》に材木をころがしたり、道具をつぎつぎくわえて来たり、トンカは驚《おどろ》くほど賢《かしこ》くて行儀《ぎょうぎ》の良いいのししでした。それだけに大工の愛情もひとしおで、その分だけ心配も大きかったのです。それというのもトンカは肉づきが良くて、毛はつやつやと光っています。それに何しろいのししの肉は殊《こと》においしいのです。誰かがこんなトンカに目をつけて、自分の知らない間にこっそり殺して食べでもしたらと、それが気がかりでならなかった大工は、ある日とうとう心を決《き》めて、優《やさ》しくトンカをなでながら言いました。

「トンカよ、もうこれ以上ここにおってはお前の命が危《あぶ》ないからな、明日《あした》は森まで送って行こう」

本当は別れるのがつらくてたまらなかった大工は、せめてごちそうだけでもと、トンカの好きな貝や魚を沢山《たくさん》食べさせて、最後の夜をゆっくりと寝かせました。こうして明《あ》くる日《ひ》、大工は泣くような気持ちでトンカをもとの森まで送って行ったのです。

トンカはまず、広い森の中をあちらこちら歩き回って、食べ物が豊富で、住み心地《ごこち》の良さそうな所を探しました。やがて、とても静かですべてが望み通りの、申し分のない場所を見つけたのです。トンカはさっそく、おいしい木の根やこけ、きのこや果物《くだもの》などを食べてゆっくりと休んでいました。するとそこへ、何と数百頭ものいのししがやって来たのです。トンカはびっくりしたり喜んだりで、

「ずいぶんいい所ですね。今日から私もここで仲間《なかま》に入れていただきます。どうかよろしく」

とあいさつをしました。みんなも口々《くちぐち》に、

「こちらこそどうぞよろしく」

とあいさつを返《かえ》しましたがその後で、

「ただ、ここには非常に危険な困ったことがあるのです。それさえなければ恵まれた、

本当にいい森なのですが――」

と言うではありませんか。さっきから、こんなに食べ物が沢山あるというのに、なぜみんな病人のようにやつれているのかと、ふしぎに思っていたトンカは、これはよほどの危険にさらされているのだなと、その訳《わけ》を尋《たず》ねました。

「とらが来るのです」

とあきらめ切った力無い声が返って来ました。

「とらですって」

「そうです。毎朝来てはいのししを片端《かたはし》からつかまえて、連れて行ってしまうのです」

「何頭で来るのですか」

「一頭です。でもその一頭の強さときたら言い様もないほどで、私達にはどうすることもできないのです」

これを聞いたトンカは、ぐいと曲がった太いきばを力強く前に押し出すと、

「私がそいつをやっつけましょう。みんな、私の言うことを聞いて、協力をしてくれ

ますか」

トンカはきらりと鋭《するど》く光る目で、みんなを見回して言いました。

「もちろんですとも。あのとらを退治《たいじ》して下さるのなら、どんな言いつけにも従います」

いのしし達はそろって答えました。そこでトンカは一晩のうちに、このいのしし達をきたえて、とらと堂々と戦えるようにするために、はすの花の形に陣《じん》を作りました。森の地形はここに来るまでに、すっかり覚えていましたから、陣作りは自信を持ってできたのです。

まず一番安全な場所に、赤ちゃんいのししとその母親達を固《かた》めました。次に回りをぐるりと雌《めす》のいのししで囲《かこ》みました。その外側には少年のいのしし達を、そのまた一回り外側には青年のいのしし達を、そのまた一回り外側には長いきばのある、大人の雄《おす》のいのしし達を、そして一番外側には、特に身体《からだ》が大きく力の強い、最高の戦《せん》闘力《とうりょく》を持ついのしし達を、十頭、二十頭というふうに、まとめて配置したのです。それから自分の立つ場所を、小高い台地にきめると、そのすぐ前に自分の入る丸い穴を掘《ほ》らせました。台地の後《うし》ろにはすりばち形の、入口がうんと広くて深い穴を掘らせたのですが、その穴の底には小さな穴が一つあいていて、その下はほら穴になっていました。ほら穴には水がいっぱい入れてあったのです。

一方、トンカは七十頭のぴちぴちした若いいのしし達を引き連れると、森の中を走り回って、すぐにも戦えるように訓練《くんれん》をはじめました。同時に、

「とらなど少しも恐《こわ》くない、とらなど少しも恐くない」

と何度も繰《く》り返《かえ》して言わせました。そう思い込ませてしまうためです。こうしてたった一晩で、すっかりとらと戦えるだけの自信を持たせてしまったのです。

やがて朝が来ました。とらはいつものように、勢《いきお》いよく山から駆《か》け降りて来ると、森に一番近い岩の上に立って、これもいつものように、いのしし達をおどしつけるような恐《おそ》ろしい目で、ぐっとにらみつけました。この時、トンカは第一の合図《あいず》をみんなに送ったのです。いのしし達は陣についたまま いっせいに、おどしつけるような恐ろしい目で、岩の上のとらをにらみ返しました。とらは（おやっ）と変な気持ちになり

ました。そこで思わずふかーく息を吸い込んで、深呼吸をしたのです。するといのしし達もまた、全員でふかーく息を吸い込んで、深呼吸をします。とらはますます変な気持ちになって、こんどは四本の足をうんとふんばって、低くうなりました。するとなんということでしょう。いのしし達はこんどもいっせいに、四本の足をうんとふんばって、同じように低くうなるではありませんか。とらはすっかり驚《おどろ》いてしまいました。こんなことってあるでしょうか。昨日《きのう》まではこの岩の上から一にらみしただけで、いのしし達はそれこそちぢみ上がって、ちりぢりばらばらに逃《に》げ出《だ》していたのです。中《なか》には恐ろしさのあまり逃げることもできないで、うずくまってしまうものさえいたのです、それが今日は一体《いったい》、どうしたというのでしょう。逃げるどころか反対に、とらのすることを一つ一つ、同じようにみんなでまねをするのです。それになんと見事《みごと》な陣営《じんえい》でしょうか。まるではすの花が開《ひら》いた時のように、いのしし達は整然《せいぜん》と、幾重《いくえ》もの輪《わ》を作って一分《いちぶ》のすきもなく立っています。その上今まで見たことのない、一頭のいかにも強そうな、ぐいと曲がった太いきばを持ったいのししが、どっしりと台地に立ちはだかっているのです。

（あれが指揮《しき》をとっているに違いない。下手《へた》をすると、これでは逆にやられてしまう）

とらは急に恐くなって向きを変えると、そそくさと自分のすみかへ帰って行きました。ところが山には、とら達をうまくあやつってえものを横取《よこど》りしている、悪賢《わるがしこ》いにせの修行者がいたのです。にせの修行者はとらが何も捕《と》らずに帰って来たのを見ると、怒《おこ》って理由を問い質《ただ》しました。

「何だと、いのししごときに恐れをなして帰って来たって。お前はこの山で一番強い、とらだということを忘れたのか。お前のいつものあの声で一《ひと》ほえして、一気に飛びかかってみろ、どんないのししでもその場でふるえ上がって腰をぬかすに決《き》まっている。さあ、もう一度行って来い」

なるほど、言われてみればその通りです。とらは気を取りなおすと、改めて今一度、勇《いさ》ましく山を駆け降りて行きました。待ち構えていたトンカは、

「来たぞ、みんながんばれ。あいつは必ず私がやっつけてやる」

こう言うなり、さっと身構《みがま》えました。とらはたいへんな勢いで、

「がおうっー」

とものすごい声でほえ立てながら、岩の上からトンカめがけて飛びかかったのです。瞬間《しゅんかん》、トンカはくるりと身体をまるめて、目《め》の前の穴に入って体《たい》をかわしましたから、とらはそのままびゅーんと、台地の後ろに掘ってあったすりばち形の大穴に飛び込んで、そのままころころころっと、一番底《そこ》までころげ落ちてしまったのです。底の小さな穴の回りは、ほら穴の中の水気でどろどろになっていましたから、とらはもがけばもがくほど目も鼻もどろにまみれて、どうすることもできません。この時、素早《すばや》く穴から飛び出したトンカは、猛然《もうぜん》ととらに飛びかかって、たくましく曲がった鋭いきばで、見事にとらをやっつけてしまいました。

（さて、これで一安心だ）

トンカは台地に立って、にっこりとみんなの顔を見回しました。ところがいのしし達は言いにくそうに、まだ大きな心配が残っていると言うのです。

「あのとらのようなものを、何十頭でも思い通りに使うことのできる、悪賢いにせの修行者があの山にはいるのです。その人間がいる限り、心の底から安心することはできません」

トンカは聞くなり、

「ではさっそく、その悪賢いにせの修行者を退治《たいじ》してしまおう」

と特別に訓練しておいた七十頭の、ぴちぴちした若いいのしし達の先頭に立つと、どっとばかりに山へ向かって走り出しました。ほかのいのしし達もそれに続きました。

そのころ、悪賢いにせの修行者は、とらの帰りがあまりおそいのでちょっと様子《ようす》を見てこようと、山から降りて来たのです。そこでトンカを先頭に、鼻息も荒《あら》く押し寄せて来るいのししの大群と、ばったり出合ったからたまりません。それこそ腰を抜かさんばかりに驚いて、いちもくさんに逃げ出しました、けれどもあまりの恐ろしさに、気ばかりあせって足が思うように動きません。今にも追いつかれそうになったにせの修行者は、必死《ひっし》でそばに生《は》えていたいちじくの木にはい上がりました。木に登られたのでは、いのしし達はどうすることもできません。みんなが（しまった）という顔で木の上を見上げていると、トンカがてきぱきと命令を下しました。

「伝令を出して、女達には水を運ばせろ。少年達にはいちじくの回りの土を掘らせろ。長いきばを持つものは、出て来た木の根をそのきばで断ち切れ。あとのものは木を遠《とお》巻《ま》きにして待っておれ」

　みんなは急いで言われた通りにしました。いちじくの木の回りの土はすっかり掘り起こされ、運ばれて来た水で、土を洗い流されて裸《はだか》になった根は、鋭い沢山のきばでぶつぶつに断ち切られました。そこでトンカはえいっとばかり一突《ひと》きに木を倒してしまったのです。遠巻きにしてこれを見ていたいのしし達は、木にしがみついたまま地面に落ちて来た悪賢いにせの修行者に、わっとばかり飛びかかると、またたくうちに息《いき》の根《ね》をとめてしまったのです。

　こうしてやっと、この森にも本当の平和が来ました。いのしし達は心から喜んで、トンカを、さっき倒したばかりのいちじくの幹《みき》にすわらせると、清らかな水を汲んで来て、うやうやしく頭の上からそそぎました。これは王さまになるための儀式《ぎしき》です。そして一頭の若い雌いのししを選んでその横にすわらせ、同じように清らかな水を頭からそそいで、おきさきにしたのです。

この一部始終をすっかり見ていた森の女神は、感動のあまり思わずその場に姿を現して、トンカといのしし達のすばらしい一致協力ぶりをほめたたえ、「この一団に幸《さいわ》いあれ」と言い残して消えて行きました。

それからというもの、この森のいのしし達は、みんなそろって長く幸せに暮らしたということです。

天に届いた祈り

昔、ベナレスに近いある村の豊かな家の息子《むすこ》が、これもまたベナレスの町に住む豊かな家の娘を妻に迎えました。

スジャーターという名のその若妻は、天女のように美しく、花をつけたつる草のようにたおやかで、えも言われぬ魅力《みりょく》と愛らしさを持っていました。その上、妻として嫁として夫や夫の両親によく仕《つか》えて、何事にも心の届く行儀《ぎょうぎ》の良い従順《じゅうじゅん》な婦人でしたから、両親はもちろん、夫の気に入りようはたいへんなもので、はた目にもこれほど仲の良い夫婦はないと思われるほどでした。

ある日、このスジャーターが、久しぶりに里《さと》の両親に会いに行きたいと頼んだのです。夫は快《こころよ》く承知して、さっそく道中の食べ物を色々と作らせ、おみやげ物などと一《いっ》緒《しょ》に馬車に積《つ》むと、自分は前に乗り、妻を後《うし》ろにすわらせて出発しました。二人はベナレスの少し手前で馬車を止め、ガンジス河で身体《からだ》をきれいに洗ってさっぱりしてから、岸辺《きしべ》にすわって食事をしました。やがて夫はまた馬車の前に乗り、妻は美しい衣装に着替えて念入りにお化粧をこらし、後ろの席にすわって町に入って行きました。

ちょうどそのころ、ベナレスの王は立派な象に乗り、美々《びび》しく行列を整えて町を右回りに回っていましたが、たまたま妻が馬車から降りて、夫の馬車の後ろから歩きはじめたその時に、そこへ来合わせたのです。

王はスジャーターの姿を一目見るなり、あまりの愛らしさ、美しさ、たとえようもないほどの初々《ういうい》しい魅力に、すっかり心を奪《うば》われてしまいました。そこで大臣を呼んで、夫があるかないかを調べさせたのです。大臣は王に、夫があること、前の馬車に乗っているのがその夫であることを報告しました。けれども王は何としても思い切ることができません。

（何とかして夫を殺してしまおう。そうすればあのすばらしい婦人を、すぐにも王宮へ連れて帰ることができる）

まるでスジャーターのことしか考えられなくなったこの王は、悪魔《あくま》のようになって謀《はかりごと》をめぐらすと、素早《すばや》く前髪につけていた高価な宝石を取って、腹心《ふくしん》の家来《けらい》にそっと渡《わた》して言いつけました。

「この宝石を、うまくあの男の馬車の中へ投げ入れて来い」

家来は命じられた通りにすると、それを王に復命《ふくめい》しました。王はころあいを見計《みはか》らって突然《とつぜん》、さも驚《おどろ》いたように大声を上げて叫んだのです。

「余《よ》の前髪の宝石がなくなったぞ」

人々はたいへんなことになったと大騒ぎをはじめました。王はいらいらと気の立った激《はげ》しい口調《くちょう》で、

「町のぐるりのすべての門を閉《と》ざし、通行をしゃだんして、宝石どろぼうを今すぐに探し出せ」

天に届いた祈り

と厳命《げんめい》を下したのです。にぎやかだったベナレスの町は、一変して大混乱におちいりました。この時、さっき王の密命《みつめい》を受けて馬車に宝石を投げ込んだ家来が、数人の部下を連れてスジャーターの夫の所へやって来たのです。

「おい、馬車をとめろ。王さまの前髪の宝石がなくなったんだ。馬車の中をしらべる」

荒々しい調子でこう言うと、何も知らないでいる夫の馬車の中をかき回して、自分が投げ込んでおいた宝石を手に取ると、高々と差し上げて回り中に見えるようにして言いました。

「あったぞ。王さまの宝石はここにあったぞ」

これを聞いて驚いた夫が、

「そんなはずはありません。私は何も知らないのです。これは一体《いったい》どうして――」

と、半《なか》ばぼうぜんとしてとまどっている間に、部下達は強引《ごういん》に馬車から夫を引きずり降ろしてしまいました。

「絶対《ぜったい》に私ではありません。これは何かの間違いです」

必死《ひっし》になって申し開きをしても通るはずなどありません。家来とその部下達は口々に、

「この宝石どろぼうめがっ」

とののしり立てながら、手や足をなぐりつけ、後《うし》ろ手《で》に縛《しば》り上げて王の前へ連れて行きました。ここでも夫は懸命に無実であることを訴《うった》えました。けれどもそれが何になるでしょう。王は内心にやりとしながら、そくざに、

「けしからぬ奴だ。即刻《そっこく》その者の首をはねてしまえ」

と命じたのです。家来達は何の罪もない夫を引っ立て、四つつじに来るとむちで打《う》って、南の門から町の外へ連れ出しました。そこには刑場があったのです。

その間、スジャーターは夫の後《あと》を無我夢中《むがむちゅう》で追いながら、両手を前に差し出し、声を限りに、

「だんなさま、私が里へ帰りたいと申したばかりに、あなたはこんなひどい災難《さいなん》に会われました。私のせいです。おゆるし下さい。おゆるし下さい」

と泣《な》き叫んでいたのです。スジャーターは何とかして夫を助けよう、せめて自分が

身替わりになって打たれようと、何度も何度も夫のそばに駆《か》けよろうとしましたが、そのつど王の家来達に邪魔立《じゃまだ》てされて、女一人の力ではどうすることもできなかったのです。

こうして刑場に着いた王の家来達は、ついに首を落とすために、夫を死刑台の上に仰向《あおむ》けに寝かせました。

これを見たスジャーターは、もう生きた心地《ここち》もありません。一心不乱《いっしんふらん》に天に向かって命がけで訴《うった》え、祈りました。

「私は悪いことなど少しもしてはおりません。一生懸命に正しく生きてまいりました。それなのに私の命よりも大切な夫は、今、このように非道な目に会っています。善行《ぜんこう》を積んだ徳ある者を苦しめる、残酷無法《ざんこくむほう》な行いをやめさせる神は、ここにはおいでにならないのでしょうか。ほかの国へ逃げ出してしまわれたのでしょうか。正しい者を守り給《たも》う神は、もうこの世においでにならないというのでしょうか。神さま、どうか一刻《いっこく》も早く私の命に代《か》えても夫をお助け下さいませ」

こう言い終わるとそのまま倒れてしまったのです。

この時、スジャーターの全身全霊《ぜんしんぜんれい》をこめた必死の祈りは天に届いて、神々の王サッカ（帝釈《たいしゃく》）の座席が熱くなりはじめました。サッカは、

（これはどういうことだろう。誰かが私を動かそうと念じているようだが――）

こう考えをめぐらしてその訳《わけ》を知ると、

（今こそ私の行くべき時だ）

とすぐさま天上界から刑場に降り、神通力《じんずうりき》で一瞬《いっしゅん》の間に、象の背に乗っていた悪王と死刑台に寝かされていたスジャーターの夫とを、入れかえてしまいました。

首切り役人は、ふり上げていたおので首を切り落としてから、はじめてそれが王の首であったことに気がついたのです。反対に象の背に乗っていた夫は、立派な王の衣装を身につけていました。

一同が驚きの声を上げた時、サッカは神の姿を現して、象の上の夫を正式にこの国の王位に即《つ》け、スジャーターを改めておきさきの座にすえました。

大臣やバラモンや有力な資産家《しさんか》達はいっせいに、

「不義不徳《ふぎふとく》な悪王は殺されました。今や私達はサッカの授けて下さった王を頂くことができます」

と大喜びでお礼を申しました。サッカはそれを受けて空中に立つと、

「私がお前達に授けたこの王は、これから後《のち》、正義によって国を治《おさ》めていくことであろう。もし、王が正しくなければ、時ならぬ時に雨が降り、降るべき時に降らないで、ききんの恐《おそ》れ、病気の恐れ、剣《つるぎ》の恐れ、この三つの恐れが起こることであろう」

こう言い残してから天に帰って行きました。

新しい王はサッカの言葉通り、正義によって国を治め、貞節《ていせつ》なおきさきのスジャーターとともにその善行によって、寿命《じゅみょう》が尽《つ》きると天に生まれて行ったのです。

ジャッカルと二匹のかわうそ

昔、ある河岸にジャッカルの夫婦が住んでいました。ある日雌《めす》のジャッカルはどうしたことか急に、赤い魚が食べたくて食べたくて我慢《がまん》ができなくなりました。そこで雄《おす》のジャッカルに言ったのです。

「あなた、私どうしたのか急に赤い魚の肉が食べたくてたまらなくなりましたの。それも生きのいいぴんぴんして身のひきしまったのが食べたいのです。でもこればっかりは、とても無理な注文ですわね」

確《たし》かにそれは、水の中に入って魚を捕《と》ることのできないジャッカルには、とうていかなえられそうもないことでした。けれども雄のジャッカルはこれを聞くと、何とか

して妻に赤い魚のま新しい肉を食べさせてやりたいと、とがった口先《くちさき》を勢いよく上に向けて、

「まあ、待っておいで。ぼくがきっと持って来てあげるから」

とさっそくすみかを出て、河にそって注意深く長い河岸を歩きはじめたのです。

ちょうどそのころ、同じ河の岸辺《きしべ》で、二匹のかわうそが仲良く並んで河の中の魚をねらっていました。そのうち一匹のかわうそが大きな赤い魚を見つけて、さっと素早《すばや》く水に飛び込むと、しっかり魚の尾びれをつかまえたのです。ところがその魚の力の強いことといったらそれはもうたいへんなもので、尾びれをかわうそにつかませたまま、どんどん思い通りに泳《およ》いで行くのです。かわうそはあわててもう一匹のかわうそに助けを求めて叫びました。

「君、君、早く来て助けてくれよ。ぼくだけじゃとっても駄目《だめ》だ。早く、早く」

岸にいたかわうそはすぐさま、

「よしきた。しっかりつかまえているんだぞ。今すぐ行って、引っぱり上げてやるか

らな」

と河に入るなり、手足の水かきをいっぱいに拡《ひろ》げて全速力で追いつくと、二匹してやっとの思いでその大きな魚を岸の上まで引っぱり上げたのです。二匹のかわうそはほっとして、赤い大きな魚をまん中においてすわりました。ところがさていよいよ分ける段になって、互いの言い分に折り合いがつかなくなってしまったのです。あげくの果ては言い争いになりました。

そこへたまたまやって来たのが、さっきの雄のジャッカルです。ジャッカルは捕りたての、まだひくひく動いている赤い大きな魚を見ると、どきりとして、思わず足をとめました。この時です。かわうそ達はかわうそ達で、これはまた何といい所へ仲裁《ちゅうさい》役が現れたものかと大喜びで、ジャッカルに訳《わけ》を話して、この魚を公平に分けて欲しいと頼んだのです。ジャッカルはこの願ってもない申し出に、

(この機会をのがしては、二度とこんなすばらしい赤い魚は手に入らないぞ)

とはやる心をぐっと押さえ、お腹の底に力を入れると、いかにも落ち着きはらった

口調《くちょう》で、

「いや、これはこれは。お話の筋《すじ》はよくわかりました。私は以前、裁判官《さいばんかん》をしておりまして、ずいぶん沢山《たくさん》の事件を取り扱ってまいりました。よろしいですとも、お引き受けいたしましょう」

こう言うと、両方の言い分を今一度十分に聞いた上で、改めて二匹のかわうそ達にそれぞれ、きっぱりと申し渡しました。

「それでは君は尾を取りなさい。君は頭を取るのです。これで魚は公平に分けられました。あとの部分は裁判官である私が、報酬《ほうしゅう》としてもらって行きます」

ジャッカルは、ぽったりと重くて大きな魚の胴体《どうたい》を丸ごと口にくわえると、そのまさっさと自分のすみかへ帰って行ったのです。

あとに残された二匹のかわうそは、泣《な》くにも泣けない気持ちで互いに顔を見合わせていました。折角《せっかく》力を合わせて苦心して、あんな見事《みごと》な赤い魚を捕らえながら、つまらない言い争いからこんな結果をまねいてしまった愚《おろ》かさを、今更《いまさら》のように後悔して、しょんぼりとすわり込んでいたのです。

一方、思いもかけず、すばらしく大きな赤い魚のま新しい肉を、口いっぱいにくわえて帰って来た夫を迎えた雌のジャッカルは、飛び上がって喜びました。

「まるで王国を勝ち取って、がいせんなさった王さまのようですこと。あなた、一体《いったい》どうしてそれを手に入れて来て下さいましたの」

そこで雄のジャッカルはそのいきさつを詳《くわ》しく説明してから言ったのです。

「とにもかくにも言い争いは貧乏《びんぼう》のもとだよ。それを裁《さば》いてもらうためには、それだけの支払いをしなくてはならないからね。その分だけ財産は少なくなってしまうのだ。二匹のかわうそ達はそのために、折角捕った大きな赤い魚をあらかた失《な》くしてしまったのだから。さあ、いいからそれを、思う存分食べなさい」

こうして雌のジャッカルは望み通り、捕り立ての生きのいい、身のひきしまった赤い魚の肉を、お腹いっぱい食べることができたのです。

スジャータ青年と死んだ牛

昔、ベナレスでブラフマダッタ王が国を治《おさ》めていた時のことです。地主の家の息子《むすこ》にスジャータという、たいへんそうめいな一人の青年がおりました。この青年のお祖父《じい》さんがある日亡くなったのです。親孝行だった青年の父親は、あまりの悲しさにぼうぜんとして、それからは寝ても覚《さ》めても亡くなった自分の父親のことしか考えなくなりました。火葬場《かそうば》から骨を拾って来て庭に土の塔を建て、その中へていねいに納《おさ》めて、外に出る時には必ず新しい花を供《そな》え、涙を流してあれこれと話をするのでした。家に入れば入ったで遺品を見て泣《な》き、思い出の場所に行っては嘆《なげ》き悲しんで、水浴もしなければ、身だしなみも忘れ、食事さえ取らないで、家業もまるで顧《かえり》みようとしませんでした。

スジャータ青年は、何とかして一日も早く、この父親に「死」というものを冷静に見つめてもらわなければならない、そして心を覆《おお》い尽《つ》くしている悲しみから抜け出して、立ち直ってもらわなければと、毎日思案《しあん》をしていたのです。

ちょうどそのころ、ベナレスの町はずれに、一頭の牛が死んでいるのを見つけた青年は、

（これだっ）

とさっそく、柔《やわ》らかな草を沢山《たくさん》刈《か》り取《と》って来て、死んでいる牛の前に運びました。水も汲《く》んで来ておいたのです。それから優《やさ》しく牛に向かって言いました。

「柔《やわ》らかくておいしい草だよ、さあ、沢山おあがり。水も十分汲んで来てあるから、たっぷり飲《の》むんだよ」

通りかかった人達は、この有様《ありさま》にびっくりして、

「スジャータよ、君は一体《いったい》何をしているのです。死んだ牛を相手に何を言っているの

です。しっかりして下さい。気でも違ったのですか」

口々に注意をするのですが、青年は一向《いっこう》にそこを動こうともしなければ、返事をしようともしません。これは唯事《ただごと》ではないと思った人々は、あわててスジャータの父親の所へ行きました。

「たいへんです。お宅のご子息は気が変になられたに違いありません。すぐにお出《い》で下さい」

とたった今見て来た、スジャータの様子《ようす》を詳《くわ》しく話しましたから、それを聞いた父親はすっかり驚《おどろ》いて、思わずきっと眉《まゆ》を上げると、今までの嘆き悲しみなどまるで忘れたように、取るものも取りあえず急いで家を飛び出したのです。夢中で息子がいるという町はずれまで駆《か》けつけた父親は、人々の言葉にたがわず、死んだ牛を前に話しかけているスジャータの姿を見ると、走り寄って息子の肩に大きな両手をおきました。

「スジャータよ、これはどうしたことだ。お前のように賢《かしこ》い息子が、なぜこんなことをしている。死んでしまった牛が、どうして食べたり飲んだりできようか。どんなことをしてみても、二度とこの牛は生きかえっては来ないのだよ。しっかりしなさい、スジャータ。そんなことのわからないお前じゃないだろうに」

するとスジャータは、父親の顔をじっと見つめて答えました。

「でも、この牛には頭もあれば脚《あし》も尻尾《しっぽ》も耳までみんなついています。これだけ揃《そろ》っているのですから立ち上がるかも知れません。お父さん、私の申し上げることもお聞き下さい。亡くなられたお祖父さんのお身体《からだ》は、もうこの世には何一つ残ってはおりません。あるのは庭の土の塔にお納《おさ》めしたお骨《こつ》だけです。それなのにお父さんはその塔の前で、毎日泣いて、何も彼《か》も放《ほう》り出したまま、悲しみだけに沈み切っておいでです。今、私に事をわけて言い聞かせて下さったそのお心で、ここの所をよくお考えいただきたいのです」

これを聞いた父親は、すべては息子が自分の目を覚まさせ、自分を立ち直らせるためにしていたことに気がついたのです。

「ありがとう、スジャータよ。お前は何という賢い息子だろう。お前のおかげで私は今、すべてのものは、常に移り変わって行くものであることを、はっきりと納得《なっとく》させてもらったぞ。これからはもう決して、お祖父さんの死を嘆いたり悲しんだりはしない。お前は息子でありながら、父親であるこの私の、激《はげ》しく燃え上がってとどまる所を知らなかった憂《うれ》いの炎を、跡形《あとかた》もなく消してくれた。胸底深く刺《さ》さっていた矢を抜いて、親を亡くした悲しみを見事《みごと》に取り除いてくれたのだ。賢い息子スジャータよ、まことの知恵《ちえ》を持ち情《なさけ》あるお方というものは、お前が私を救ってくれたこのように、人々の心をお救いなさるに違いない」

父親は感動で身をふるわせながら、このそうめいで心優《やさ》しい息子のスジャータを、力いっぱい抱きしめるのでした。

麦菓子の袋

昔、ベナレスでジャナカ王が国を治《おさ》めていた時のことです。セーナカ賢者《けんじゃ》と呼ばれる、学徳《がくとく》ともに人並《ひとな》みはずれた一人の大臣がいました。セーナカ賢者は政治向きのことはいうまでもなく、心の問題についても、いつもジャナカ王に助言を与え、正しく教え導いていましたから、王の尊敬はたいへんなものでした。その上、この賢者のお説教は、たとえようがないほどすばらしいものだったのです。セーナカ賢者が慈《いつく》しみにあふれた声で法を説きはじめると、聞く人はみな我を忘れて耳を傾け、気がついた時には心が清らかに洗われていて、手の指、足の先までも尊い教えがしみわたっているような気がするのでした。

半月に一度、満月と新月の日、王・副王をはじめとする沢山《たくさん》の人々が、セーナカ賢者のお説教を聞くために、定められた場所に集まり、席を整えて待っていました。セーナカ賢者はしつらえられたカモシカの皮の椅子《いす》にどっしりとすわると、法の光で辺《あた》りを照らさずにはおかない威厳《いげん》をもって、お説教をするのでした。

さてそのころ、一人の年取ったバラモン僧が、托鉢《たくはつ》で得た千カハーパナのお金を、同じバラモンの知り合いに預けて旅に出たのです。帰ってみるとお金は全部使い果《は》たされていて、その代《か》わりに娘を上げるから、妻にしてくれと言われたのです。年取ったバラモン僧は若い娘を妻にして、ベナレスの近くにあるバラモン村に住みつきました。けれども若い妻は年取った夫にあきたらず、若いバラモンと親しくなってしまったのです。こうなると年取った夫が、どうにも邪魔《じゃま》でなりません。若い妻は何とかして夫を遠くへ行かせようと思案《しあん》の末、良い方法を考えつきました。

ある日、若い妻はしょんぼりと何も手につかないといった様子《ようす》で、家の中にすわり込んでいたのです。年取ったバラモン僧はそんな妻の姿を見て、

「どうかしたのかね。気分でも悪いのかい」

と優《やさ》しく尋《たず》ねました。これを待っていた若い妻は、

「私にはもう、とても一人でこの家の仕事をしていくことなどできません。すっかり疲れ切ってしまいました。あなた、召《め》し使《つか》いを連れて来て下さいませんか」

といかにも力の無い声で答えたのです。これを聞いた夫は、

「それができれば一番いいのだが、わしには召し使いを連れて来るだけの金がなくてな――」

と困り切って考え込んでしまいました。すると妻は、

「あら、何でもないじゃありませんか。前の時のように托鉢をして、お金を集めて来て下されば」

こう気だるそうに言うのでした。

そこで年取ったバラモン僧は、妻に旅の仕度《したく》をさせました。妻は旅の間の食糧に、固《かた》めた麦菓子と固めない麦菓子とを、革袋《かわぶくろ》に入れて夫に渡しました。年取ったバラモ

ン僧はそれをかついで家を出ると、妻のために村から町、町から村へと歩き回って、七百カハーパナのお金を集めたのです。

（これだけあれば女と男の召し使いが連れて来られる）

バラモン僧はほっとして、妻の喜ぶ顔を思い描きながら、自分達の村に向かって歩きはじめました。やがて村の近くまで来た時、バラモン僧はお腹が空《す》いて来たのでひとまず食事をしようと、きれいな川の流れている森の一本の木の根方《ねかた》にすわって、革袋から麦菓子を出して食べました。それから水を飲《の》みに川のそばまで下りて行ったのです。この時バラモン僧はうっかりして、袋の口を開《あ》けたままにしておいたのです。するとと香《こう》ばしい麦菓子のにおいにさそわれて、一匹の黒い毒《どく》へびが木のむろから出て来ました。へびはするすると革袋の中に入って麦菓子を食べると、そのままとぐろを巻いてすわり込んでいたのです。そうとは知らないバラモン僧は、別に中を見もせずにさっさと袋の口をしめると、肩にかついで歩き出しました。

（あと少しで村に帰れるぞ）

バラモン僧が元気の良い足どりでしばらく行った時です。かたわらの木のむろに樹《じゅ》神《しん》が姿を現して声をかけました。

「バラモン僧よ、もし途中でとまればそなたが死に、今日中に家へ帰ればそなたの妻が死ぬであろう」

これを聞いて驚《おどろ》いたバラモン僧が、訳《わけ》を聞こうと辺《あた》りを見回した時、樹神の姿はもうどこにも見当たりませんでした。こうして『死ぬ』と言われたバラモン僧は、恐《おそ》ろしさと悲しさに目の前がまっ暗《くら》になって、とまることも家に帰ることもできないまま、仕《し》方《かた》なく涙をこぼしこぼし、足にまかせて歩き続けて行きました。やがてふと気がつくと、ベナレスの都の門が目の前に高々と立っています。

その日はちょうど、セーナカ賢者のお説教がある日でした。手に手に花やお香《こう》を持った人々が、幾組《いくくみ》も幾組も連れだって歩いて行きます。バラモン僧は思わず、

「どこへいらっしゃるのですか」

と中の一人に近づいて行って尋ねました。

「今日はセーナカ賢者さまが、尊いお説教をなさる日ですが、あなたはそれをご存じないのですか」

その人はいかにもふしぎそうにバラモン僧の顔を見て言うのです。

（これはよほど偉いお方に違いない。そういう方のお説教があるのなら私も行ってお話を伺《うかが》おう。賢者は人間の大きな悩みをいやして下さるものだ。きっと私をこの「死」の恐怖《きょうふ》から救って下さるに違いない）

こう思ったバラモン僧は、みんなの後《うし》ろからとことことついて行きました。するとそこにはセーナカ賢者を囲《かこ》むようにして、王・副王そのほかの人々がもうぎっしりとすわっていたのです。年取ったバラモン僧は袋を肩にかついだまま、セーナカ賢者の席からあまり遠くない所にそっとすわりました。

セーナカ賢者は美しい声でとうとうと、真理への道を説き明かしていきます。それを聞く人々の心は生き返《かえ》ったように水々しくなり、日頃の迷いや汚《けが》れは洗い流されて、言いようのない深い喜びと感動に顔は輝《かがや》き、回りに人のいることも忘れて聞き入っているのでした。

賢者というものは、物事を見通す鋭《するど》い眼を持っています。セーナカ賢者は慈しみにあふれた眼で、集まっている人々をすみからすみまでずっと見渡していましたが、年取ったバラモン僧の姿を見ると、

（人々がみな法の喜びに浸《ひた》っているその中で、ただ一人悲しみの涙を流している。あのバラモン僧の心の中には、よほど大きな悲しみがあるに違いない。その悲しみを取り去って、安らかで満ち足りた心にしてあげよう）

こう思って、温かく声をかけたのです。

「バラモン僧よ、私があなたのその悲しみを取り去ってあげよう。何があったのか、訳を話してごらんなさい」

バラモン僧は涙にぬれた眼で、セーナカ賢者を仰《あお》ぎ見て言いました。

「私が今日中に家へ帰れば妻が死に、途中でとまれば私が死ぬと、樹神にこう言われたのでございます。どうすればいいのでしょうか。賢者よ、どうかお教え下さい」

セーナカ賢者は、漁師《りょうし》が海の上に網を投げるように、知恵《ちえ》の網をぱっと拡《ひろ》げて死の原因を――海に落ちても、そこで魚に食べられても、ガンジス河に落ちても、そこでわにに食べられても、木から落ちても、とげに刺《さ》されても、武器で傷ついても、毒を飲《の》んでも、絶壁から落ちても、ひどい寒さや病気でも人間は死ぬが――と思案《しあん》していましたが、バラモン僧が肩にかついでいる革袋を見て、

（あれだな）

と気がついたのです。セーナカ賢者は、まるでその場に居合わせてすべてを見てでもいたように、すばらしい知恵の働きで、樹神が告《つ》げたという『死』の原因を知ったのです。それだけではありません。

（しかもあの中に入っているのは、よほど大胆《だいたん》で恐《おそ》れを知らぬ黒い毒へびに違いない。肩にかつがれて袋がバラモン僧の背中の骨に当たっても、今、これほど大勢の人の中にいても、少しも動かず平気でじっとしているのだから）

そこまで見通した賢者は、『死』の恐怖におびえ切っているバラモン僧に、おだや

かな口調《くちょう》でこう言いました。

「バラモン僧よ、袋の中には旅の食糧にする麦菓子が入っているのではありませんか」

「賢者よ、入っております」

「朝食にそれを食べましたか」

「はい、食べました」

「どんな所にすわって食べたのですか」

「森の木の根方です」

「食べ終わって水を飲みに行く時、袋の口をしめておきましたか」

「いいえ、しめずにまいりました」

「では帰って来て、中を見てから口をしめましたか」

「いいえ、見ないですぐにしめました」

「やはりそうでしたか。あなたが水を飲みに行った間に、麦菓子の香ばしいにおいにひかれた黒い毒へびが、袋の中に入ったのだと思います。さあ、袋を下ろしてそっと口を開けてから、後《うし》ろへさがって杖《つえ》で袋を打《う》ってごらんなさい。黒い毒へびが鎌首《かまくび》をもたげて、音を立てながら出て来るでしょう。それを見ればあなたにも、樹神の言葉の意味が納得《なっとく》できるはずです」

バラモン僧はびっくりして、恐る恐る肩から革袋を下ろすと、言われた通りに杖で袋を打ちました。すると本当に、黒い毒へびが袋の口から鎌首をもたげて音を立てながら出て来たのです。当のバラモン僧は言うまでもなく、そこにいた人々はみな、セーナカ賢者の眼力に思わず割れるような拍手を送って、

「すばらしいことです。すばらしいことです」

と感嘆の声を上げました。黒い毒へびはへび使いが来てたくみに口輪《くちわ》をはめると、森へ捨てに行きました。

バラモン僧は一挙に『死』の原因が取り除かれた喜びに、こんどは嬉《うれ》し涙にむせびながら、ジャナカ王の前に行って感謝の合掌をして言いました。

「このようなセーナカ賢者さまを、大臣としておいでになる王さまは、世界一お幸せ

麦菓子の袋

なお方でございます。私が今日、こうして救われましたのも、王さまがセーナカ賢者さまのお説教の場を設けられ、それに私が会わせていただけたおかげでございます。ありがとうございました」

ジャナカ王も満足そうにバラモン僧の顔を見て、にっこりほほえまれました。バラモン僧は袋の中から托鉢して集めて来たお金をすっかり取り出すと、こんどはうやうやしくそれを捧《ささ》げてセーナカ賢者の前に行ってひざまずきました。

「セーナカ賢者さま、これは私の全財産でございます。どうかこれを私の感謝の印《しるし》としてお受け下さいませ。あなたさまは一切を見通されるたとえようもない知恵の力で、私と妻の命をお助け下さったのでございます」

バラモン僧がこう言って七百カハーパナのお金を差し出しますと、セーナカ賢者は、

「賢者というものは、法を説《と》いて報酬《ほうしゅう》を受けたりはしないものです。そのお金は持ってお帰りなさい」

と差し出されたお金に三百カハーパナを加えて千カハーパナにしてから、

「それにしても、あなたは誰に言われて、お金を集めるために托鉢の旅に出たのですか」

と尋ねました。

「妻に言われて出て来たのです」

「あなたの奥さんは年寄りですか、それとも若い婦人ですか」

「妻はたいへん若いのです」

賢者にはそれで察《さっ》しがつきました。

「あなたの奥さんは若い男の人と親しくなっているのです。そこで邪魔になるあなたを遠ざけるために、理由をつくって托鉢の旅に出したのです。このお金をそのまま持って帰ったのでは、苦心して集めたお金はみなその男の人の手に渡ってしまいます。ひとまず村はずれの木の根方かどこかに隠《かく》しておいてから、家へお帰りなさい」

と教えてバラモン僧を帰らせました。

バラモン僧はセーナカ賢者の教えを守って、村はずれの一本の木の根方に、千カハーパナのお金を隠してから家へ帰って行きました。その時家では妻とその若い男の

人とが、仲良く二人で話をしていたのです。そこへ門口から、

「妻よ」

と言う旅から帰った夫の声が聞こえて来たからたいへんです。妻は素早《すばや》く明かりを消して門を開けに行きました。

「お帰りなさい」

と妻が夫を家の中へ迎《むか》え入れているすきに、若い男の人は門の外へそっと出て、暗《くら》闇《やみ》の中に立っていました。

妻の方は、夫から革袋を受け取って中を見るなり、あきれたように叫んだのです。

「あら、何にも入っていないじゃありませんか。あるのは麦菓子の粉だけですわ。あなたは托鉢に出て、一体何をもらって来たのですか」

夫のバラモン僧は妻にこう言われると思わず、

「千カハーパナもらって来たよ」

と答えてしまいました。

「本当ですか。なら、どこにそのお金はありますの」

嬉しそうに、急にはずんだ声で聞く若い妻の、久しぶりに見せる明るい笑顔に、年取った人の好《よ》い夫はセーナカ賢者の言葉もまるで忘れて、隠しておいた場所を詳《くわ》しく教えてから、

「明日《あした》の朝早く取って来るからな」

と言ってしまったのです。これを聞いた妻はさりげなく立って行ってそっと外に出ると、待っていた若い男の人にお金の隠し場所を教えたのです。男の人はすぐに教えられた所へ行って、千カハーパナのお金を取ってから、自分の家に帰りました。

翌朝早く、隠しておいた千カハーパナを取りに出かけたバラモン僧は、いくら探してもお金が見つからないので、あわてふためいてセーナカ賢者の所へとんで行きました。賢者はせっかくのお金をなくしておろおろしている年取ったバラモン僧に、昨日《きのう》帰ってそのことを妻に話したかどうかを確かめると、

「気を落とさなくてもいい。七日の間、人を呼んでもてなすだけの費用を私が渡して

あげるから、一日目には夫婦がそれぞれ自分の知り合いを七人ずつ、合わせて十四人の人を招待してごちそうしなさい。次の日からは互いに一人ずつ減らして、二日目には十二人、三日目には十人というふうにして行くと、七日目にはそれぞれ一人ずつ、合わせて二人の人を招待することになる。その時奥さんに招待されて来た男の人が、七日間ずっと来ていたことがわかったならば、すぐにそのことを私に知らせなさい」

とよく言いふくめておいたのです。バラモン僧はセーナカ賢者に言われた通り、七日の間人々を招待してもてなしたあとで、最後まで毎日妻に招かれて来ていた男の人がいることを報告しました。

セーナカ賢者は、すぐにその男の人を呼び出して、

「お前はこのバラモン僧のものである千カハーパナを、村はずれの木の根方から盗《と》ったのではないか」

と問いただしました。男の人ははじめのうちこそ、盗らない、知らないで押し通していましたが、セーナカ賢者の鋭《するど》い洞察力《どうさつりょく》にすっかり恐れをなして、ついには自分が

盗ったことを白状してしまいました。そこで賢者はバラモン僧に向かって、

「あの女をこれからも妻としておくか、それとも改めてほかの女をめとって妻とするか」

と尋ねたのです。すると年取った人の好いバラモン僧はここまで来てもなお、やはり元通り自分の妻にしておくと言うのです。セーナカ賢者は人をやって千カハーパナのお金を男の人の所から持って来させると、バラモン僧の妻も呼ばせ、その前で、けしからぬ上にもけしからぬ若い男の人の手から、改めて盗《ぬす》み取った千カハーパナを年取ったバラモン僧に返《かえ》させ、罰としてベナレスの都から遠くへ追放してしまいました。また不心得極《ふこころえきわ》まりなかった若い妻にも、それ相応の罰を与えて、これからは正しい生活をするように厳《きび》しく戒《いまし》めました。

それから後《のち》、この年取ったバラモン僧はいつもセーナカ賢者のそば近くにいて、心安らかな毎日を送るようになったということです。

鳴き声はろば

昔、一人の商人が、ろばの背中にいろいろな品物を積《つ》んで、村から町、町から村へ商《あきな》いの旅を続けていました。ろばはもともと粗食《そしょく》にも水の乏《とぼ》しさにもよく耐《た》える動物です。ですからそれほどえさ代はかからないはずでした。ところがこの商人はそのえさ代さえも惜《お》しむほどのしわんぼうで、ろばの背中から商品を下ろすと、人目につかない所へ連れて行って、用意しておいたライオンの毛皮をすっぽりとろばに着せ、どこから見てもライオンに見えることを確《たし》かめてから、そっと穀物の実っている田や畑に放《はな》しておくのが常《つね》でした。

これまでの土地ではどの田や畑の番人も、このろばをてっきり本当のライオンだとばかり思い込んで、恐《おそ》ろしさに近づくこともできず、見て見ぬふりをしていましたから、ろばはいつでもお腹いっぱい、おいしいお米や麦を食べていたのです。こうしてうまうまとえさ代なしの商いの旅を続けて来た商人が、ある村の入口に宿を取った時のことです。朝食の支度《したく》をしてもらう間に商人は、いつものようにろばにライオンの毛皮を着せ、いつものようにそっと麦畑に放しておいてから、自分はそ知《し》らぬ顔で宿に帰って朝食を食べていました。

ところがこの土地では村人の団結がとても強くて、村を守るための連絡や時に応じての所置が、常日《つねひ》ごろからよく訓練《くんれん》されていたのです。ですから大切な麦をつぎつぎに食べていくライオンの姿を見つけた畑の番人は、すぐさま家へとんで帰るなり、村中に大至急でこれを知らせたのです。村人達はいっせいに、手に手に武器やこん棒《ぼう》を持ち、ほら貝を吹き、太鼓《たいこ》をたたいて麦畑に押しかけると、ライオンの毛皮を着せられているろばを、わっとばかりに大声を上げて取り囲《かこ》みました。

今まで一度もこんな目に会ったことのないろばは、どうしようもなくおろおろして、

命の危険を直感すると、

「ヒィーッ」

としゃっくりをするような、ろば特有のかん高い声を上げて鳴いたのです。けれども今や恐《おそ》ろしいライオンをやっつけなければと、鳴り物入りで躍起《やっき》になっている人々の耳には、そんな声などまるで入ってはいませんでした。そんな中でただ一人、たいへん賢《かしこ》いお百姓さんだけが、その声をちゃんと耳にとめていたのです。そこでその人はみんなに向かって言いました。

「おーい、みなの衆《しゅう》、安心しろ。こいつはライオンなんかじゃないぞ。たった今、ろばの鳴き声を上げおった。ただのろばの鳴き声をな。こいつはライオンの毛皮を着せられたろばだったのさ」

これを聞くと村人達は、どっとばかりにろばのすぐそばへ走り寄って、大切な麦を食べられた腹いせに散々《さんざん》打ちのめしてから、ライオンの毛皮を持って引き上げて行ったのです。

ただならぬ騒ぎに商人が駆《か》けつけた時には、もうすべてが終わっていました。ろばはもとの姿で、麦畑の中に倒れて死んでいたのです。

アッサカ軍の勝利

昔、インドが沢山《たくさん》の国に分かれていたころ、カーリンガという国に、たいへん戦争に強い王さまがありました。軍備はすべて整っていた上に、王さま自身、象のような力を持っていましたから、一騎打《いっきう》ちでは誰一人かなう者がありません。これを知っている回りの国々では、間違ってもこの国と戦おうとはしませんでした。強いだけあって戦争の好きなカーリンガ王には、これが物足らなくてなりません。何とかしてどこかの国と戦えないものかと、ある日も大臣達を集めて頭をひねっていたのです。そのうち、大臣達が良い方法を考えつきました。

「王さま、四人の王女さまはそろってまれにみるお美しさでございます。あの王女さま方が盛装《せいそう》をされ、覆《おお》いのついた立派な馬車にお乗りになって、お供の兵を従え、広いインドの国々をつぎつぎにお回りになりましたなら、必ずどこかの国王がお美しさに魅《み》せられて、おきさきにお迎《むか》えしたいと申し出ましょう。その時にこそその国と戦いをなされればよいではございませんか」

これを聞いたカーリンガ王は大喜びで、さっそく四人の王女達に特に念入りにお化粧をさせ、まだ誰も見たことのないような、軽《かろ》やかで美しい色とりどりの衣装を身にまとわせると、金・銀・宝石・象牙《ぞうげ》などで細工《さいく》した装身具を頭の先から足もとまでつけさせました。こうして四人の王女達が並んですらりと立った姿は、たった今、天女が空から舞い降りて来たような美しさでした。カーリンガ王は大満足です。

やがて王女達の美々《びび》しい行列は、カーリンガの国を出発しました。

このうわさは、またたくうちにインド中に伝わって、どの国でもこれはたいへんなことになったと、王女達の一行が近づいて来ると、都の城門を固《かた》く閉ざして要心深《ようじんぶか》く戦いをさけ、丁重《ていちょう》に贈《おく》り物だけをして、自分の国から送り出すようにしていたのです。

こうしてまったく何一つ事が起こらないまま、王女達の一行は長い長い旅の末、ある日ついに、アッサカという国に着きました。アッサカ王もほかの国の王達と同じように、都の門を固く閉めさせ、丁重に贈り物だけをして、この一行を事無く国外に送り出そうとしていたのです。ところがこの国にはナンディセーナという、知恵《ちえ》と勇気の固まりのような大臣がいました。ナンディセーナはこの広いインドで誰一人、天女のようだといわれる四人の王女達に会おうともせず、ましてやおきさきに迎《むか》えて、堂々《どうどう》とカーリンガ王と戦う国王がないことを、何とも残念に思っていたのです。そこで今こそ、自分がかの有名なカーリンガ王と見事《みごと》戦って、アッサカ国の名を挙《あ》げ、王さまのために美しい四人の王女達をおきさきに迎えようと決心をしました。

ナンディセーナはさっそく都の門を開いて、四人の王女をアッサカ王のご前《ぜん》に案内したのです。

「王さま、カーリンガ王との戦いは、すべて私にお任《まか》せ下さい。そして王さまはこの天女のようにお美しい王女さま方を、おきさきにお迎えなさいませ」

アッサカ軍の勝利

ナンディセーナはこう言うと、さっそくそのころのしきたりに従って、四人の王女達を正式にアッサカ王のおきさきにしました。こうしておいて、王女について来たお供の者達に言ったのです。

「四人の王女は、唯今、めでたくアッサカ王のおきさきになられた。このことを直《ただ》ちに帰って、カーリンガ王へ報告するように」

この知らせを受けたカーリンガ王は、ついに戦争の相手ができたと勇《いさ》み立《た》って、愛馬にまたがり、大軍を率《ひき》いて都の門を出発しました。ナンディセーナはカーリンガ王の動きを知ると、

「まずはご自分の国境内におとどまり下さい」

と使者に手紙を持たせたのです。カーリンガ王も時が時だけに、勢《いきお》いにまかせて攻《せ》め込むこともできず、申し入れ通り自分の国の国境内で軍をとめたのです。アッサカ王も自分の国の国境内に軍をとどめ、双方は互いに待機《たいき》の姿勢を取りました。

ところが、この二つの国と国との間に一軒の草葺《くさぶ》き小屋が建っていて、そこに一人

の修行者が住んでいたのです。カーリンガ王は、

（修行を積《つ》んだ人というものは、何でもわかるということだ。一つ、この戦争にどちらが勝つか聞いてみよう）

と旅人に姿を変えて修行者の所へ行き、

「尊いお方よ、今、カーリンガとアッサカの軍隊が、それぞれの国境内に控えて出陣を待っておりますが、この戦いにはどちらが勝ちましょうか」

と尋《たず》ねたのです。すると修行者は、

「私にはわかりませんが、サッカ（帝釈《たいしゃく》）がここに来ますから、聞いて置きましょう。明日おいでなさい」

と言いました。明《あ》くる日《ひ》、カーリンガ王が行くと、

「サッカの言いますには、カーリンガが勝って、アッサカは敗けるということですが、それには先にその前知らせとして……」

修行者がこう話しはじめると、カーリンガ王は話の前半分を聞いただけで、もう

すっかり有頂天《うちょうてん》になってしまいました。あとの半分はまるで耳にも入れず、そのまま小屋を飛び出すなり、

「私が勝つ、我が軍が勝つ」

と叫びながら自分の領地に走り込んだのです。カーリンガ軍は喜びに沸《わ》き返って、戦わない先から、全員戦勝気分になってしまいました。

一方、これを聞いたアッサカ王は気が気ではありません。さっそくナンディセーナを呼びましたが、ナンディセーナはいつもの通り落ち着いて、

「王さま、ご心配には及びません。この戦いの勝敗を誰が本当に知ることなどできましょう」

こう言うと、その足で草葺き小屋へ行って修行者に会いました。

「この戦いにはどちらが勝ちましょうか」

修行者は前と同じように、

「カーリンガが勝って、アッサカは負けるということですが……」

と答えました。ナンディセーナはそれを聞くと、

「それには何か、前知らせのようなものがございましょうか」

と重ねて尋ねました。

「それはあります。カーリンガ王の守り神は全身まっ白な牛、アッサカ王の守り神は全身まっ黒な牛で、この二頭の戦いの結果で、両軍の勝敗が決まるということです」

ナンディセーナはこの修行者の言葉をしっかりと胸におさめてから、ていねいにあいさつをして小屋を出ました。

アッサカへ帰ったナンディセーナは、すぐさま千人の、王のためならいつでも喜んで命を捧《ささ》げるという、勇敢《ゆうかん》な軍人達を連れて険《けわ》しい崖《がけ》の上にのぼりました。

「王さまのためです。今すぐこの崖から転がり落ちて下さい」

ナンディセーナがこう言うと、千人の勇士はいっせいに、体を倒して転がり落ちようとしました。瞬間《しゅんかん》、

「それまでっ」

ナンディセーナは大声でみんなをとめると、

「みなさんの真心のほどはよくわかりました。かけがえのない、王さまの大切な忠臣方よ、どうかその捨て身の心で、最後の最後までこんどの戦いに耐え抜いて下さい」

と言ったのです。ナンディセーナのこの言葉に千人の勇士達は、

「おおーっ」

といっせいに、はらの底からほとばしり出るような雄叫《おたけ》びを上げ、『誓《ちか》いの印《しるし》』に腰の剣をすらりと抜いて、高々と差し上げました。千本の剣は陽の光を受けて、まばゆいばかりにきらきらと輝《かがや》きました。

いよいよ、戦いです。アッサカ軍は王さまから一兵卒にいたるまで心を一つにして、全員死にもの狂いで、ナンディセーナの指揮《しき》に従って戦いました。けれども、勝利はもう自分達のものだと安心し切っているカーリンガ軍の方は、何としても真剣になり切れません。カーリンガ王は戦勝祝いのことを考えていましたし、兵卒達も何となくのんびりとしていて、とてもこれがあの有名な、負けることを知らないカーリンガ軍

だとは思えない有様《ありさま》でした。

やがて王さま同士の一騎打ちになりました。カーリンガ王もアッサカ王も自慢《じまん》の愛馬にまたがって、互いに近づいて行きます。この時天空では二人の守り神である白い牛と黒い牛が、それぞれ王の先に立って走っていたのです。けれどもこの二頭の牛の姿は天空に居る限り、二人の王達にしか見えません。ナンディセーナはアッサカ王に、

「守り神の牛の姿は見えましょうか」

と尋ねました。

「見える」

「どんな様子かお聞かせ下さい」

「カーリンガ王の守り神は、全身光り輝くまっ白な大牛、余《よ》の守り神は、疲れ果《は》てて色つやも悪い黒い牛じゃ」

これを聞いたナンディセーナは、てきぱきとした口調《くちょう》で王を励《はげ》ますように言いました。

「ご心配なさいますな。必ず勝ってご覧に入れます。王さま、今すぐ馬をお降り下さい。

そしてこのやりをお持ちになるのです。つぎに左手で馬の脇腹《わきばら》をお押し下さい。あとは馬が独りで戦います。さあ、急いでカーリンガ王の守り神を、そのやりで突いて地上にお落とし下さい。私とこの千人の者達が落ちて来る白い牛を刺《さ》し殺しますから」

アッサカ王が言われた通りにすると、ナンディセーナの渡したやりは、いきなりぐぐっと天まで伸びて、勢いよく走って来た光り輝く白い牛の前脚《あし》の間に、ぐさりと突き刺さったのです。白い牛はもんどり打って天空から落ちて来ると、そのまま待《ま》ち構《かま》えていた千一本のやりに刺されて死んでしまいました。これで勝負は決まったのです。

戦いは予想《よそう》に反して、アッサカ軍の大勝利《だいしょうり》となり、カーリンガ王は完全に敗北《はいぼく》して命からがら馬に乗って逃《に》げ出しました。途中《とちゅう》、あまりの腹立たしさに、カーリンガ王は馬のまま修行者の小屋に駆《か》け込《こ》むと、怒《いか》りでぶるぶるふるえながら、

「カーリンガが勝つと申したのはそちじゃぞ。修行者はいつわりを言わぬものじゃっ」

と吐《は》き捨《す》てるように言うなり、後《あと》をも見ずに走り去って行きました。修行者は黙っ

てそれを見送っていましたが、数日たってサッカが来ると、

「なぜ、あのようなことを言ったのですか。サッカはまことのことしか言わないものですのに」

と、少し厳《きび》しい調子で問いただしたのです。するとサッカは、

「私は決していつわりを申したのではありません。双方《そうほう》が互角《ごかく》に戦っていたならば、申した通りになっていたことでしょう。けれども人間の絶大《ぜつだい》な努力が、時として与えられていたはずの悪条件を、逆転《ぎゃくてん》させることはあるものです。こんどの戦いはまさにそれだったのです。負けると言われながらも、最後の一瞬《いっしゅん》まで望みを捨てず、全員が心を一つにして戦い抜いたアッサカ軍の努力、それを指揮したナンディセーナの沈着《ちんちゃく》さとすばらしい知恵、王への真心とそれを支えた強い意志力、これらが人々を動かして戦いの勝敗を変えてしまったのです」

と答えたのです。

こうしてついに戦いに勝ったナンディセーナは、カーリンガ王に手紙を送って、四

人の王女達に与えられることになっていた財産も円満に受け取り、それからは両国ともども、末長く平和に栄えたということです。

宝のびん

昔、ベナレスの都にばく大な資産《しさん》を持つ一人の豪商《ごうしょう》がいました。この人は困っている人や修行者を見ると、何はさておいてもまず、食べ物や必要な品物を施《ほどこ》して常々《つねづね》徳を積《つ》んでいましたから、寿命《じゅみょう》が尽《つ》きると神々の王サッカ（帝釈《たいしゃく》）となって、天に生まれていたのです。

ところがその一人息子《むすこ》は、幾《いく》つになってもお金の大切さも物の値打《ねうち》もまったくわからない世間知らずでした。父親が死んで家督《かとく》を継《つ》ぐと、息子はお金が無限《むげん》に湧《わ》いて来るとでも思っているのか、惜《お》し気もなくどんどん使いはじめたのです。それもくだらないことにです。沢山《たくさん》の飲《の》み友達に囲《かこ》まれて、来る日も来る日もごちそうを食べてお酒を飲み、芸人を呼んで歌わせたり踊らせたりしては気前よくお金をばらまいて、女の人とお酒におぼれ切った毎日を送っていました。当然家業のことなど頭の端《はし》にもありませんでした。

これではどんなに資産《しさん》があっても、いつかはなくなってしまいます。やがてついに、日常使う家財道具まで手放《てばな》すようになりました。そうなるともう誰一人寄りつこうともしません。道で会っても顔をそむけて通り過ぎて行くのです。息子は仕方《しかた》なく、みすぼらしいみなりでただ独《ひと》り、町の中を訳《わけ》もなく歩き回っていました。

ちょうどそのころ、天上のサッカは息子のことを思いめぐらしていましたが、この有様《ありさま》を知ると、驚《おどろ》いて地上に降りて来たのです。サッカは息子の前に立つと、

「私はお前の父親だ。哀《あわ》れなお前をこのまま放《ほう》っておく訳《わけ》にはいかない。ここにどんな望みでもかなえてくれる『宝のびん』がある。これを私はお前に与えよう。これがお前の手にある限り、ふたたび不自由な暮らしをすることはない。そのかわり扱いには十分注意して、どんなことがあっても決してこわしてはなりませんぞ。これがこわ

れた時こそ最後なのだから」

こう言って「宝のびん」を手渡してから天へ帰って行きました。

サッカにもらった「宝のびん」で、息子はまたもと通りの大金持ちになりました。するとつい今し方までのみじめさ苦しさなどはけろりと忘れて、またしても寄り集まって来たもとの取り巻き連中にちやほやされながら、面白おかしく遊び暮らすようになったのです。

そのうちいつの間にか、サッカにもらった「宝のびん」のありがたさにもなれ切って、ある日息子はお酒に酔《よ》ったあげく、こともあろうにこの貴重な「宝のびん」を、ぽーん、ぽーんと放り上げては手に受け、放り上げては手に受けしていましたが、とうとう受け損《そこ》なって地面に落としてしまったのです。「宝のびん」はこっぱみじんにくだけて飛び散りました。

それからどのくらい経《た》ったころでしょうか、華《はな》やかなベナレスの町のかたすみで、町を取り囲む城壁に寄りかかったまま、息子は小さなぼろぎれを身にまとって死んでいたのです。

ヤシャ女の島

昔、ある島に、人間を食べるヤシャ女ばかりが住んでいる一つの町がありました。この辺《あた》りには潮《しお》の流れのせいでしょうか、時々難破《なんぱ》した船が流れつきます。ヤシャ女達はそれを見つけると、念入りに着飾っておいしい飲《の》み物や食べ物を召し使いに持たせ、自分は腰に子供を乗せた姿で岸に出て行くのでした。ヤシャ女達は美しい顔と魅《み》惑《わく》的な姿で優《やさ》しく、流れ着いた男達をもてなしました。その上、ぬかりなくヤシャの魔力《まりょく》で、牧童や農夫まで所々に見えるようにしておきましたから、男達は少しも疑わず大喜びで出されたものを食べ、安心して疲《つか》れた身体《からだ》を休めるのでした。やがてヤシャ女達はころ合《あい》を見計《みはか》らうと、いたわるように、何の用事でどこから来てどこへ行

くのですかなどと尋《たず》ねます。男達が商用で来たことを話すと、

「まあ、私達の夫もやはり商用で、三年前みんなでここから船出したまま、いまだに帰って来ないのです。きっとしけにでも遇《あ》って死んでしまったのでしょう――。これも何かのご縁です。これからは私達がみなさんのお世話をさせていただきますわ」

と一同を自分達の町へ案内して行くのでした。この時もし、先に連れて来た男がいる時には、すばやくヤシャのふしぎな鎖《くさり》で縛《しば》って、がんじょうな建物の中へ投げ込んでおくのです。これがヤシャ女達のいつもの遣《や》り方でした。

さて、ある日のことです。五百人の商人を乗せた船が難破して、この町の近くに流れ着きました。ヤシャ女達はさっそく、いつものように優雅《ゆうが》な美しい姿で浜辺に出ると、いつものようにおいしい飲み物や食べ物で優しくみんなをもてなし、これもいつものようにすっかり商人達の心をとらえて、自分達の町に連れて来ました。こうしてヤシャ女の頭領《とうりょう》は五百人の商人の団長を夫にし、同じ数だけいたほかのヤシャ女達も残りの商人をそれぞれ自分の夫にして暮らしはじめたのです。

ところがある夜、ヤシャ女の頭領は人間が食べたくてたまらなくなりました。そこで夫がぐっすり寝込んでいるのを見届けると、そっと起き上がって、先に縛って投げ込んでおいた人間を食べに出かけたのです。ほかのヤシャ女達も同じようにするりと家を抜け出して、みんなで人間の血と肉を心ゆくまで食べてから、それぞれ知《し》らぬふりで夫のもとに帰ったのです。

けれども人間を食べたあとのヤシャ女の身体は氷よりも冷《つめ》たいのです。団長は妻の異様《いよう》な冷たさに気がついて、息がとまるほどはっとしました。

(これこそまぎれもなく、うわさに聞いていた恐《おそ》ろしいヤシャ女達だ。一刻《いっこく》も早くみんなを連れてこの町から逃《に》げ出さねばならん。島を離れなければならん。つぎは我々が食べられる番だ)

団長はまんじりともせずに夜明けを待つと、急いで顔を洗いに外へ出ました。ほかの商人達にそっとこのことを知らせて相談をするためでした。話をすると、半分はふるえ上がってすぐにも逃げることに賛成しました。けれどもあとの二百五十人はそれ

を聞いても、

「私達は、たとえどんなに恐ろしいヤシャ女であろうとも、あれほどの魅力《みりょく》と美しさ、優しさを兼《か》ね備《そな》えたいとしい妻達を、捨てて行くことなどとてもできません。どうかあなたがただけで逃げて下さい」

と言って何としても動かないのです。団長は仕方《しかた》なくその人達を残して、自分についで来る二百四十九人と一緒《いっしょ》に、そっとヤシャ女の町から逃げ出しました。

みんなは物も言わず、足は宙《ちゅう》に、必死で走り続けていたのです。すると行く手に一頭の神々《こうごう》しい馬が姿を見せました。全身はヒマラヤの雪のように白く、絹糸《きぬいと》のように細く柔《やわ》らかな毛におおわれて、頭はからすのようにまっ黒でした。一同が思わず立ちどまると、馬は人間の言葉で、三度繰《く》り返《かえ》してこう言ったのです。

「人間の住む所に行きたいと願う者はいるか。人間の住む所に行きたいと願う者はいるか」

商人達は手を合わせて、

「行きとうございます。人間の住む所に行きとうございます」

と、口々に叫びました。これを聞くと馬は優しい深々としたまなざしを向けて、

「それでは私の背中に乗りなさい」

と答えたのです。商人達は夢中《むちゅう》で背中に乗り、尾にとりすがり、中にはあまりの嬉《うれ》しさに棒立《ぼうだ》ちになったまま、ただ手を合わせて拝んでいる者さえありました。けれども大神通力《じんずうりき》を持つこの馬は、そんな二百五十人を一人残らず自分の背中に乗せてしまうと、さっと一飛びにこの忌《い》まわしい島を離《はな》れて大空へのぼったのです。助かった商人達は馬の背中で抱き合って泣《な》いていました。やがて馬は、人間の住む所へみんなを運んで行くと、一人々々家族のもとに送り届けてから、また空へのぼって行きました。

一方、島に残った二百五十人の商人達は、甘く楽しい暮らしもつかの間、つぎの難波船が流れ着くと、間もなくみんなヤシャ女達に食い殺されてしまったのです。

ラーマ王子のサンダル

昔、ベナレスのダサラタという王さまが、最愛のおきさきに先立たれました。王さまにとってこのおきさきは、自分の命よりも大切な存在だったのです。それだけに王さまの嘆《なげ》きは激《はげ》しく、お葬式《そうしき》を出すことさえできないで、誰にも会わず、二人の間に残されたラーマ王子、ラッカナ王子、シーター姫の三人を抱きしめるようにして、一部屋に閉《と》じこもったままで一歩も外に出ませんでした。困り切った大臣達は、そんな王さまをやっとの思いで説得して、まずおきさきのお葬式を出し、次には新しいおきさきを迎《むか》えられるように勧《すす》めました。何といっても一国の王さまですから、おきさきがなくてはなりません。こうして新しいおきさきも何とか決《き》まり、やがて少しずつ王さまのお気に入るようにもなって、大臣達がほっと胸をなで下《お》ろしたところ、一人の王子が生まれました。バラタと名づけられた、この小さな王子の言いようもない愛《あい》らしさに、王さまは思わず相好《そうごう》をくずして王子の顔をのぞき込みながら、

「きさきよ、何と可愛《かわい》い王子ではないか。何なりとお前の望むものを言いなさい」

と出産のお祝いとねぎらいをこめて、優《やさ》しく言いました。それはごく何気《なにげ》ない夫から妻への贈《おく》り物を意味していたのです。けれどもこの新しいおきさきは、その時すぐには何を欲しいとも言わず、ただ、王さまとの『約束』だけをしっかりとしておきました。おきさきにはそれこそ大きな望みがあったからです。

さて、バラタ王子が七歳の誕生日を迎えた日、おきさきは王さまにこの『約束』を果《は》たして下さいと言い出しました。

「王さま、私の子バラタ王子に、ぜひともこの国の王位をお譲《ゆず》り下さい」

これを聞いた王さまは、大きな指をびんびん鳴らし、激しい怒《いか》りに声をふるわせておきさきをぐっとにらみすえたのです。

「何を言うか。この性悪女《しょうわるおんな》めっ。このためにあの時の望みを今日まで言わずにいたのだな。よく聞け、余《よ》の二人の王子達は、太陽の炎のようにすばらしく光り輝《かがや》いている。お前はあの二人を亡きものにして、自分の産んだ子供を王位に即《つ》ける気だろう」

王さまのものすさまじい見幕《けんまく》に、おきさきはその日は黙《だま》って自分の部屋に引き下がりましたが、それからも折《お》りある毎《ごと》に王さまのきげんを見ては、繰《く》り返《かえ》し繰り返しこの話を持ち出すのでした。王さまはもちろん、それを許《ゆる》しはしませんでした。けれどもこのままでは、いずれ悪賢《わるがしこ》いおきさきが、上の二人の王子達を殺させるに違いないと、ある日、密《ひそ》かにラーマ王子とラッカナ王子を呼んでこのことを話しました。ここに居ては危険だから、隣国か森の奥深くに身を隠《かく》して大切な命を守りなさい。そして自分が死んだ時このベナレスに帰って来て、王位を継《つ》ぐようにと言ったのです。王さまはすぐ占い師達を呼んで自分の寿命《じゅみょう》を占わせ、あと十二年あることを知ると、

「十二年経《た》ったら、必ずこの国に帰って来て王位に即きなさい」

と言って、そっと王子達を王宮から送り出したのです。王子達が父王に別れを告げ

て、住《す》み馴《な》れた王宮を出て行くのを知ったシーター姫は、

「私も一緒《いっしょ》に行かせて下さい」

と父王に頼みました。けれどもこれが最後の別れかと思うと胸ははりさけるばかりです。シーター姫はしばらくの間父王に取りすがったまま泣《な》いていました。けれどもいつまでもそうしてはいられません。やがて涙をふくと、父王を振《ふ》り返《かえ》り振り返り、急いで王子達の後《あと》を追って行ったのです。

こうしてラーマ王子、ラッカナ王子、シーター姫の三人はベナレスの都を出て、ヒマラヤ山の奥深くに入ると、住み心地《ごこち》が良く、水や食べ物の手に入り易《やす》い所を選んで、小さな小屋を造りました。住む所だけではありません、何から何まで昨日までのぜいたくで豪華《ごうか》な王宮の生活とは天と地ほどもへだたりのある、この上なく粗末《そまつ》で厳《きび》しい暮らしがはじまったのです。けれどもラッカナ王子とシーター姫は礼儀正しく、改めて一番年上のラーマ王子に、父親に対する尊敬《そんけい》をもって仕《つか》えたのです。二人は毎日、一生懸命、木の実や草の実などの食べ物を探し歩いて働きました。けれどもラーマ王

子には決してそんなことはさせませんでした。ラーマ王子もまた、それだけの尊敬を受けるに値する立派な王子だったのです。生まれつきずば抜けてそうめいだった王子は、同時に慈愛深《じあいぶか》く、広くて大きな心を持っていました。ですからそんな二人の弟妹をいつも本当の父親のような愛情で、しっかりと温かく包み込んでいたのです。こうして、食べ物は命をつなぐだけのもの、着る物は身を被《おお》うだけのものではありましたが、三人は心安らかで平和な毎日を送っていたのです。

けれども一方、心優《やさ》しいダサラタ王は、この三人のことが気がかりでなりません。思えば思うほどいとおしく可愛想《かわいそう》で、一日として心の安まる時はありませんでした。胸の中はまるで重い鉛《なまり》を服《の》み込んだようで、王宮のおいしい食べ物や飲《の》み物を口へ入れる度毎《たびごと》に、思いはいつも三人の子供の上に走って、ダサラタ王の気持ちは日に日に沈んでいくばかりだったのです。こうして九年目には心労のあまり、とうとう病気になって亡くなってしまいました。

おきさきは王さまの葬儀《そうぎ》がすむと、さっそく自分の産んだバラタ王子を王位に即けようとしたのです。ところが大臣達ががんとして聞き入れず、この時はじめて口を開いたのです。

「王位を継がれるべきお方、我々のラーマ王子は、ヒマラヤの奥深い所にご無事でいでになります」

思いがけないこの言葉に、さしものおきさきも長年の夢が一瞬《いっしゅん》にして消え失せた衝《しょう》撃《げき》で、その場にへたへたと倒れてしまいました。おきさきの子供バラタ王子はこれを聞くと、まっ先に立ってラーマ王子を迎えるために、王の五つの印《しるし》である扇《おうぎ》・冠《かんむり》・剣《けん》・天蓋《てんがい》・履物《はきもの》を用意すると、王の軍隊をすべて整《ととの》え、大臣以下一同を率《ひき》いてヒマラヤへ向かったのです。

バラタ王子はまず、小屋の近くに軍隊をとめると、数人の大臣だけを連れて三人の住む小屋へ歩いて行きました。この時ラーマ王子はどっしりと、黄金《おうごん》の像のような端《たん》正《せい》な姿で戸口にすわっていたのです。一同はラーマ王子にお辞儀《じぎ》をして一方にすわると、父王が亡くなられたことを報告して泣き崩《くず》れてしまいました。けれどもラーマ王子はそれを聞いても泣きも悲しみもせず、泰然《たいぜん》と元のままの姿ですわっていたのです。やがて辺《あた》りが次第《しだい》に暮れはじめたころ、ラッカナ王子とシーター姫が、いつものように食糧にする木の実や草の実を持って帰って来ました。ラーマ王子はそれを見ると、

（二人はまだ若くて、物事を本当に分別《ふんべつ》するだけの力を備えていない。今ここで急に父上の亡くなられたことを知らせたのでは、悲しみの余り心臓《しんぞう》が破れてしまうことだろう。何とか理由をつけて二人をまず池の中に立たせてから、父上の死を知らせることにしよう）

といつになく厳しい口調《くちょう》で、小屋の前にある池を指さして命じました。

「二人とも、今日はずいぶん帰りが遅かった。罰《ばつ》としてその池の中に立ちなさい」

二人は素直《すなお》に集めて来た木の実や草の実をラーマ王子の前におくと、そのまま池に下りて行きました。二人が池の中に立った時、ラーマ王子ははじめて父王の亡くなられたことを告げたのです。思っていた通りでした。二人は聞くなり気を失って水の中に倒れてしまったのです。大臣達は二人を池から運び出すと、気を取りもどしたラッ

カナ王子とシーター姫を取り囲《かこ》んで、またもや互いに抱き合って声を上げて泣くのでした。その中でラーマ王子だけはただ一人、眉《まゆ》一つ動かさず静かにすわり続けていたのです。

バラタ王子にはそんなラーマ王子がふしぎでなりませんでした。

「兄上は、どうしてそのように強い力をお持ちなのですか。長い間別れておられた父上が亡くなられたというのに、悲しみのために心を乱されることも嘆《なげ》かれる様子《ようす》もなく、じっと同じ姿ですわり続けておいでになります。どうかその訳《わけ》を私にお教え下さい」

こう言われてラーマ王子はその訳を説きはじめました。

「人間というものは、必ずいつかは死ななければならないのです。若者も老人も、愚《おろ》かな人も賢い人も、貧《まず》しい人も豊かな人も、みな同じように時が来ればこの世を去って行くのです。それをどんなに嘆き悲しんでみたからといって何になりましょう。すべてのものは、人間の知恵《ちえ》をはるかに超《こ》えた、大きな法則によってこの世に生まれ、やがて時が来ると死んで行くのです。このことを本当に納得《なっとく》して、まことの知恵を得た人は、その悲しみがたとえどんなに大きくても、それによって心を乱されることも、苦しむこともありません。その耐《た》え難《がた》い悲しさ苦しさの毒矢《どくや》を、私が抜いて上げましょう」

とこの世のすべてのものは常《つね》に変化し続けている、それが自然の姿であり、人間もまた同じであることを、わかり易くじゅんじゅんと説いて聞かせましたから、そこにいた人々はみな、我を忘れてラーマ王子の教えに耳を傾け、いつの間にか泣くことも悲しむこともやめて、目から迷いの〝うろこ〟がぽろりと落ちでもしたように、晴《は》れ晴《ば》れとラーマ王子を見上げていたのです。

バラタ王子は改めて、うやうやしく頭を下げて申しました。

「兄上、どうかベナレスに帰られて、王位にお即き下さい」

けれどもラーマ王子はそれを受けませんでした。

「父上は私に『十二年経ったら帰って来て王位を継ぐように』とおっしゃった。私はお言葉通り、今から三年後にベナレスへ帰って王位に即こう。それまではお前がラッカナ王子とシーター姫を連れて帰って、国を治《おさ》めなさい」

と言うばかりです。こんどはバラタ王子がそんなことは絶対にできないと言い張《は》って後《あと》へ退《ひ》きません。するとラーマ王子は自分のはいていたサンダルをぬいで、

「ではこのサンダルを持って行きなさい。私が帰るまで、このサンダルが正しく国を治めるだろうから」

と言ってそれを手渡《てわた》したのです。三人の弟妹達は仕方《しかた》なくラーマ王子のサンダルと、王の五つの印である品々を捧《ささ》げ持って、大勢の人々と一緒にベナレスの都へ帰って行きました。


それからは本当に、ラーマ王子のサンダルが、三年の間正しく国を治めていたのです。それは大臣達がいつも、玉座《ぎょくざ》の上にきちんとラーマ王子のサンダルを並べた前で、裁判《さいばん》を行っていたからです。判決《はんけつ》が少しでも間違っていると、サンダルは激しく音を立てて打《う》ち合います。そんな時には今一度、はじめから裁判をし直して、改めて判決を下すのでした。裁判の結果が正しければ、サンダルはまったく動かずことりとも音

を立てませんでした。

やがて三年の月日が経って、いよいよラーマ王子がヒマラヤの奥からベナレスの都に帰って来ました。人々の喜びは言いようもありません。一同はさっそくそのころのしきたりによって、シーター姫を第一のおきさきとし、盛大な戴冠式《たいかんしき》を行ったのです。都の中はすみからすみまで美しく飾られ、香り高い色とりどりの花々がまかれました。

こうしてめでたく父王の後を継いでベナレスの王位に即いたラーマ王は、それから一万六千年もの間、正義と徳をもってこの国を治め、寿命が尽《つ》きると天上の世界に生まれて行ったということです。

賢いはとと食いしん坊なからす

昔、ベナレスの長者の家の料理場に、一羽《いちわ》のはとが住んでいました。はとは料理人が福徳を積《つ》もうと、鳥達のために作っておいた巣かごに住みついて、夜はその中で眠りますが、朝になると早くから、森や林に飛んで行って食べ物を探していました。はとは賢《かしこ》くて、巣には住んでも、料理場の食べ物には決して近づかなかったのです。

ところがある日、一羽のひどく食いしん坊なからすが、たまたまこの料理場の上を飛んでいて、ふと中を見て驚《おどろ》きました。そこにはおいしそうな魚の肉が、ふんだんに並んでいたからです。こんな所ははじめてでした。そうでなくても底抜け食い意地の張っていたこのからすは、何とかして中に入ろうと、料理場の周《まわ》りをぐるぐる何度も飛んでみました。けれども料理人がいて、どうにも入ることができません。からすはあきらめ切れずにどうしたものかと思案《しあん》しながら、料理場のすぐそばにある木の枝にじっととまっていたのです。

そこへ夕暮《ゆうぐ》れになって、はとが森から帰って来ました。はとはからすの前を通り過ぎると、そのまますっと料理場の自分の巣に入って行ったのです。

(これだっ)

からすは躍《おど》り上がって喜ぶと、はとを利用するうまい手だてを考えはじめました。

つぎの朝、はとが森へ向かって飛びはじめると、待《ま》ち構《かま》えていたからすは、すぐに後《あと》からついて行きました。はとは見なれないからすが、ずっと自分の後《うし》ろから飛んで来るのをふしぎに思って尋《たず》ねたのです。

「からすさん、どうしてそんなに私の後ばかりついて来るのですか。からすとはとでは食べ物が違います。探しに行く場所も違うはずだと思うのですが」

するとからすは、いかにも殊勝気《しゅしょうげ》にこう答えました。

賢いはとと食いしん坊なからす

「おっしゃる通りですとも、はとさん。でも私にはあなたのなさることが何から何まで、本当にすばらしく思えてなりません。私もはとさんと同じ物を食べるようになって、あなたのお世話ができたらと、心から願っているのです」

言葉たくみに取り入ったからすは、まんまとその日のうちに、はとと一緒《いっしょ》に目差《めざ》す料理場に入って行くことができたのです。料理人ははとが友達を連れて来たのかと思って、からすにも同じように巣かごを作ってくれました。

はとは毎日朝早く、森や林へ食べ物を探しに出て行きます。からすもはとにああ言った手前《てまえ》、仕方《しかた》なく一緒に行きはするものの、心はいつも料理場に残っていました。

こうして四、五日経《た》ったある日のことです。それこそさまざまな種類の魚が、山のように料理場へ運び込まれて来たのです。からすはもう矢《や》も楯《たて》もたまらなくなって、まだ夜も明け切らないうちから、さも苦《くる》しそうなうめき声を出して、巣の中で寝ていました。朝になって、はとがいつものように森へ行こうと声をかけると、からすは、

「はとさん、今日はあなたひとりで行って下さい。私は食べた物がひどくもたれて、

苦しくて苦しくて飛べそうにもないのです」

と言ってまたうめきました。これを聞いたはとは、からすの思惑《おもわく》に気がついて、

「何を言うのです。からす君に不消化なんてあるはずがないじゃありませんか。何を食べても飲み込んだだけで、すぐ消化してしまうのが、君達からすだというのに。さあ、私と一緒に森へ行きましょう。料理場に魚が沢山《たくさん》来たからといって、そんなことをしているようでは駄目《だめ》ですよ」

はとがどんなに注意しても、からすはまるで聞こうとしません。料理場に残っていたい一心で仮病《けびょう》をつかってうめき続けているのです。はとはとうとうあきらめて、ひとりで森へ向かいました。

しばらくすると、いよいよ料理人が、腕によりをかけて色々な魚料理を作りはじめました。おいしそうなにおいが、料理場いっぱいに拡《ひろ》がって、からすはもうそれだけでよだれが流れて来そうでした。やがてすっかり仕上げ終わった料理人は、ほっとして戸口に出ると、流れる汗をふきはじめました。

巣の中からそっと様子《ようす》をうかがっていたからすは、この時とばかり、見るからにおいしそうな魚料理のお皿の上へ、一気に飛び下りたのです。

かちかちという変な音に振《ふ》り返《かえ》った料理人は、あわてて料理場へ飛び込むなり、素《す》早《ばや》くからすをつかまえました。

「こいつ、何をしやがるっ」

料理人はものすごい見幕《けんまく》で怒鳴《どな》り上げると、みるみるからすの羽根を、頭のてっぺんだけ少し残して、あとはみんなむしり取ってしまったのです。それだけではありません。

「しょうが」とこれもひどく辛《から》い「ジラ」の実を粉にして牛乳で溶《と》くと、

「よくもご主人さまの召し上がり物を汚《けが》したな。憎《にく》いからすめっ」

こう言いながら、赤裸になっているからすの身体《からだ》へそれをべたべた塗《ぬ》りつけたかと思うと、さもいまいましそうにぽーんと巣の中へ放《ほう》り上げたのです。

夕暮《ゆうぐ》れ、森から帰って来たはとは、まるで冠《かんむり》をつけたぶざまなつるのような姿で、

こんどこそ本当に、息もたえだえになってうめいている、変わり果《は》てたからすを見ると、すべてを察《さっ》して、

（私もこれ以上、ここに居ることはできない）

とすぐにそこから飛び去って行きました。賢いはとの忠告を聞かなかった食いしん坊なからすは、こうしてついに奇妙《きみょう》な姿のまま、料理場の巣の中で苦しみながら死んでしまったのです。

ダンマ王とアダンマ王

昔、天上の世界にダンマ王とアダンマ王という二人の天子がいました。

ダンマ王は天女に囲《かこ》まれた、黄金造《こがねづく》りの美しい馬車に乗って、全世界の空の上を右に回っていました。

アダンマ王は武装した従者に囲まれた、鉄で造った戦闘《せんとう》用のいかめしい馬車に乗って、全世界の空の上を左に回っていました。

ダンマ王は、五色《しき》の雲をなびかせて走っていました。

アダンマ王は、黒雲を沸《わ》き立たせながら走っていました。

二人の天子は、何でもがすっかり正反対だったのです。

ダンマ王は満月の日の夕方、人々が家々の戸口にすわって楽しく話をしていると、空中に立って、

「親を大切にしてよく仕《つか》えなさい。命あるものは殺さないように。人のものを盗《ぬす》んではいけません。心はいつも正しく持って、間違ったことをしたり、うそや悪口、二枚舌を使ってはなりません。つまらない冗談《じょうだん》やむだ話はしないで、いつも慎《つつし》み深く暮らしましょう。何事につけても、欲ばったり際限《さいげん》なくものを欲しがることはやめなさい。それは心の苦労をふやすだけです。また、怒りの心が起こった時には、その怒りの炎を消しましょう。毎日を大切にして、本当の知恵《ちえ》を持つ人になって下さい。そうすればどんな立場におかれても、心は安らかでいられます。そういう人は命が終わった時、天上に生まれることができるのです。たゆまず努力をして下さい」

とじゅんじゅんと説き聞かせるのでした。これを聞いた人々は、心が洗われたようにすがすがしくなって、ぜひ自分もそのような人間になろうと、思わず手を合わせて天を仰《あお》ぐのでした。

一方、アダンマ王の方はこれとは裏腹《うらはら》に、徹底《てってい》して人々のあらゆる欲望をあおり立て、いやが上にも刺激《しげき》を与える毒《どく》のような言葉を、われがねのような声で並べ立てていたのです。これを聞いた人々は、いつか心が荒れて、悪鬼《あっき》のような恐《おそ》ろしい気持ちになっていくのでした。

ある日、この二人の天子がそれぞれ右と左へ行こうとして、一本道でばったり正面から出合いました。ダンマ王は、

「私は正しい生き方を、人々に説くために行くのです。道をあけなさい」

と言いました。アダンマ王は目を怒《いか》らして、

「何を言うか。わしは恐れというものを知らない力ある者だ。この鉄で造った乗り物を見ろ。今まで一度も道など誰にも譲《ゆず》ったことはない。ことわる」

と互いに一歩も退《ひ》きません。ついに戦って負けた方が道を譲ることになりました。もちろん言い出したのは、戦いに自信のあるアダンマ王の方です。アダンマ王は、

「鉄で黄金を傷つけることはできても、黄金で鉄を傷つけることはできん。同じよう

に力で正義とやらをつぶすことはできても、正義とやらで力をつぶすことはまず無理というものだ。今日、わしが戦いに勝ったその時にこそ『力が正義』であることを証明してやる」

と乱暴に言い放ちました。ダンマ王は静かに、

「君がもし、この戦いに勝ったならば、たとえ君を認めることはできなくても、私は君に道を譲ろう。そして君のどんなひどい言葉にも私は黙って耐《た》え忍《しの》ぼう」

と言ったのです。

この言葉が終わった時でした。アダンマ王は突然《とつぜん》、立っていることができなくなって、一瞬《いっしゅん》のうちに頭を下にしたかと思うと、鉄のいかめしい馬車からまっ逆様《さかさま》に、黒雲をつき破って地上へ落ちて行きました。と、みるみる地面がぱっくり割《わ》れてアダンマ王を飲み込むと、すぐまた元通りに合《あ》わさってしまったのです。その下は恐ろしい無間地獄《むけんじごく》でした。

刃《やいば》の地獄

昔、ベナレスの町《まち》にたいへん信心深い豪商《ごうしょう》夫婦が住んでいました。二人はそろって熱心にお説教を聞き、教えを守って徳を積《つ》み、慎《つつし》み深い毎日を送っていました。けれども一人息子《むすこ》のミッタヴィンダカは、まるで親に似ぬ鬼《おに》っ子で、信仰心などかけらほどもなく、ましてや人のために尽《つ》くすことなど考えてみたこともない、根っからのわがまま勝手《かって》な青年だったのです。

やがて父親が死にました。莫大《ばくだい》な財産の後見人になった母親は、この息子の行く末が心配でなりません。何とかして温《あたた》かく思いやりのある、謙虚《けんきょ》な心の持ち主にしなければならないと、折《お》りあるごとに言い聞かせていたのです。

「ミッタヴィンダカよ、よくお聞きなさい。今のような気持ちのままでは、とうていまともな一生を送ることなどできません。何よりもまず、困っている人々や、道を求めて修行をしておいでになる方々に施《ほどこ》しをして、徳を積むことです。それと同時に身や心を慎み深く持って、尊い方々の教えを自分から進んで聞くような人間にならなければなりません」

母親は一生懸命でした。けれどもミッタヴィンダカはまるで耳の端《はし》にもとめてはいなかったのです。そこで母親は何とかして息子の心をそうしたものにふれさせようと、満月の日、きまって開かれる法会《ほうえ》の中でも、ことに盛大な大法会が行われる日を選んで、ミッタヴィンダカを呼んでこう言ったのです。

「今日はお寺で大切な大法会があります。あなたは在家《ざいけ》の者が守らなければならない八つの戒《かい》、生き物を殺さない・盗みをしない・性交を行わない・うそをつかない・お酒を飲まない・身を飾《かざ》らず、歌や踊りや音楽を見たり聞いたりしない・高くゆったりとした寝台に寝ない・昼以後は物を食べない、これをきちんと守ってお寺へ行きなさい。お寺では一晩中、尊いお説教がありますから、それをよく伺《うかが》って来るのです。そうすればあなたに、一千カハーパナのお金を上げましょう」

ミッタヴィンダカは「一千カハーパナ」と聞くなり、すぐきげんよく、

「はい。おっしゃる通りにして参ります」

と八つの戒を守ってお寺に向かいました。けれども目的はもちろん一千カハーパナのお金だけにあったのですから、夜になるとお説教の聞こえて来ない所を探して、そこにごろりと横になるなり、ぐうぐう眠ってしまいました。こうして朝早く起きて顔を洗ったミッタヴィンダカは、一刻《いっこく》も早く一千カハーパナのお金をもらおうと、急《いそ》いで家へ帰ったのです。家では母親が、ミッタヴィンダカが法会の後《あと》の仕来《しき》たり通り、お説教をなさったお坊さまを、食事にお連れして来るものとばかり思って、心をこめておかゆやおいしいごちそうを沢山《たくさん》作って待っていました。そこへ息子が一人だけで帰って来たのです。母親はさすがにきっとして、その訳《わけ》を厳《きび》しく尋《たず》ねました。けれどもミッタヴィンダカはまるで取り合《あ》おうともしません。約束の一千カハーパナを今す

ぐ下さいと言うばかりなのです。母親はあきれながらも仕方《しかた》なく、

「それではとにかく、まずこのおかゆを食べなさい。一千カハーパナはそれからです」

と言いました。けれどもミッタヴィンダカはおかゆよりも一千カハーパナが先だと言い張《は》ります。母子は、

「おかゆが先です」

「約束のお金が先です」

としばらくの間言い合っていましたが、結局は母親が負けて、一千カハーパナの入った財布《さいふ》を息子の前においたのです。こうしてミッタヴィンダカは思い通りに、まずお金をもらってから食事をすませました。

さて、お金を手にしたミッタヴィンダカは、よほど商才《しょうさい》があったとみえて、またたくうちにそれを元手《もとで》に二百万という大金を儲《もう》けると、こんどはさらにそのお金で、危険も大きい代《か》わりには利益《りえき》もけた違いに莫大な「貿易《ぼうえき》」に着手する計画を立てました。

大きな船を買い入れ、乗組員や長い船旅に必要な物資、商品をすっかり積み終わり、あ

とは出航《しゅっこう》という時になって、はじめて母親にこのことを知らせたのです。母親の驚《おどろ》きはたいへんなものでした。そのころの船旅は文字通り、命がけの危険極《きわ》まるものだったからです。母親は聞くなり顔色を変えて、息子を引きとめようとして言いました。

「それだけは絶対《ぜったい》にいけません。あなたはたった一人の息子です。あなたにもしものことがあったらどうするというのです。財産なら十分すぎるほど家にあります。何もわざわざ危険な海に命を捨てに行くことはないではありませんか。私の言うことを聞き入れて、この家で商売をして下さい」

けれどもミッタヴィンダカはそんな母親を冷然《れいぜん》と見下しながら、

「私は行きますよ。もうすっかり準備はできているのです。今更《いまさら》何をおっしゃっても無駄《むだ》なのですから」

こうそっけなく言って、それでもなお行かせまいとして取りすがる母親の手を、邪険《じゃけん》にも力まかせに振り払いました。母親はその勢《いきお》いで、ひとたまりもなく地面に倒れてしまいましたが倒れながらも、

「ミッタヴィンダカ、危ない海に出て行くのではありません」
と叫び続けていました。けれどもミッタヴィンダカは母親の声など耳にも入れず、ましてや振《ふ》り返《かえ》って見ようともせずに、さっさと船に乗り込むと、いかりを上げさせて出航したのです。母親は泣きながら岸辺《きしべ》に立って、遠ざかって行く船に向かって、息子の無事をいつまでも祈っていました。

一方、広々《ひろびろ》とした海に出たミッタヴィンダカは、甲板《かんぱん》に立って希望で胸をいっぱいにふくらませ、母親のことなどまるで忘れて、これから先の取り引きのことばかり考えていたのです。船は幸《さいわ》いにも順風《じゅんぷう》を受けてつつがなく航海《こうかい》を続けていました。ところが七日目のことです。突然《とつぜん》、見渡す限りの大海のまん中で、船はぴたりととまったきり、少しも動かなくなってしまったのです。どうしたことかと乗組員達はそれぞれの持ち場を丹念《たんねん》にしらべましたが、何の故障《こしょう》もありません。そのうち甲板にいたミッタヴィンダカの手に、どこからともなく『黒羽根の矢』が三度まで落ちて来たのです。『黒羽根の矢』は不幸・凶事《きょうじ》の前ぶれとしてこの上もなく恐《おそ》れられていたものでしたから、乗組員達はそれこそぞっとして、船の動かなくなった原因がミッタヴィンダカにあったことを知ると、急いでいかだを下ろすなり、ミッタヴィンダカを海の中へ放《ほう》り込んでしまいました。そのとたん、船はまたするすると海の上を滑《すべ》るように進みはじめたのです。

こうしてただ独《ひと》りいかだに乗ったミッタヴィンダカは、やがて一つの島を見つけてそこにいかだを着けました。するとそこには、何から何まですっかり水晶《すいしょう》でできている、すばらしい宮殿が建っていて、陽《ひ》の光にきらきらと輝《かがや》いていたのです。ミッタヴィンダカが近づいて行って門の前に立つと、水晶の門は音もなく左右に開きました。門を入ると玄関までの道もまた美しい水晶で造られていて、その上を歩いて行って玄関に立つと、部厚《ぶあつ》い水晶の扉がまた音もなく開いて、まるでミッタヴィンダカが来るのを待ってでもいたように、見えない手がつぎつぎに部屋々の戸を開けていくのでした。そして一番奥の部屋には天女のように美しくうら若い四人の女の人達がいたのです。それぞれ、みるからにしなやかな身体《からだ》に、色とりどりの透《す》き通るような薄《うす》い衣《い》装《しょう》をまとい、髪・胸・腰・耳・指・腕・足首にいたるまで、繊細《せんさい》で見事《みごと》な金や銀、宝石で作られた飾《かざ》りをつけて、にっこりと立ってミッタヴィンダカを迎《むか》えたのです。半月の形をした輝くようなひたい、こめかみに届くかと思われる長くて魅惑《みわく》的な眉《まゆ》、その下の黒いまつげにおおわれた、はすの花びらのように大きく、切れ長で情熱的な眼、ふっくりとした上唇《うわくちびる》のきれいな山形、しっ黒のつややかな髪、まろやかでほっそりとした首、それを受けているなだらかな肩、円《まる》く高く大らかに盛り上がっている胸、形よくくびれた胴部とくっきりと美しい腰の線——、ミッタヴィンダカはぼうぜんと我を忘れて見とれていました。やがて四人の女の人達はそよ風のような衣《きぬ》ずれの音とともに、えも言われぬ香りをただよわせて、この世のものとも思えないお酒を注ぎ、ごちそうをすすめてミッタヴィンダカをもてなすのでした。四人がすんなりとして円みのある、紅《べに》をさしたような指先で、たくみに奏《かな》でる音楽を聞き、歌を聞き、夢に夢みる心地《ここち》で夜も昼もなく時を過ごしているうちに、いつか七日が経《た》っていました。気がつくと、四人の輝くようだった姿形《すがたかたち》や肌の色、身につけた衣装までが心なしか生気《せいき》を

失って、影さえさして見えるのです。ふしぎに思ったミッタヴィンダカがその訳を尋ねますと、

「私達は七日の間、天上の喜びと楽しみを十分に味わって暮らすことができますが、つぎの七日間はここを出て、地獄《じごく》の苦しみを忍《しの》ばなくてはならないのです。そしてまた七日経ったらここに帰って参ります。ですからその時まで、必ずここで待っていて下さいませ」

四人はこう幾度《いくど》も念を押してから出て行きました。

「もちろんですとも。あなた方のようなすばらしい女性に会ったのは、本当にはじめてです。必ず帰って来られるまで待っていますから」

こう固《かた》く約束したミッタヴィンダカでしたが、さて、たった独りになってみると、昨日までのあまりにも楽しく満ち足りた毎日の後《あと》だけに、その所在なさ虚《むな》しさは言いようもありません。そうなるともともと自分本位でわがまま勝手なミッタヴィンダカは、あんなに優《やさ》しく心からもてなしてくれた女の人達が、今、受けているだろう厳し

い地獄の苦しみなどまるで気にもかけずに、さっさと水晶の宮殿を出ると、いかだに乗って青い海へ出て行ったのです。

しばらくすると、また一つの島に着きました。そこには前の水晶の宮殿よりも一段と大きな銀の宮殿がありました。ここでも前と同じように、ミッタヴィンダカがその前に立つと門は自然に左右に開いて、銀色に輝く道を行くと、すばらしい浮《う》き彫《ぼ》りのある玄関の銀の扉が重々しく開きました。目に見えない手がつぎつぎに部屋々々の戸を開けていくのも前とすっかり同じだったのです。ところがこの宮殿には、前の四人よりもさらに美しく気品《きひん》のある、八人の女の人達が住んでいました。ミッタヴィンダカはその人達に、水晶の宮殿の時以上にすばらしいお酒やごちそうでもてなされながら、前にもましてうっとりと日を過ごしていたのです。けれどもこの八人もまた、七日経つと前の四人と同じように、同じ言葉を残して銀の宮殿を出て行ったのです。ミッタヴィンダカの返事もまた同じものでした。それでいてこんどもまた独りになると、けろりと約束を破っていかだをたくみにあやつりながら、広々とした青い海をゆうゆうと流して行くのでした。こうしてつぎにいかだをとめた島には、闇《やみ》をも照らすといわれる摩尼宝珠《まにほうしゅ》で造られた、世にも見事な宮殿がどっしりと、ふしぎな光を放って建っていたのです。これにはさすがのミッタヴィンダカも驚いて、

（これは一体《いったい》どうしたというんだろう。私にはよほどの幸運がついているに違いない）

と期待で胸をはずませながら、見上げるような摩尼珠の門の前に立ちました。この時もやはり門は左右に静かに開きましたし、摩尼珠の長い道を進んで行くと、玄関の扉もまた静かに開きました。部屋々々の戸が見えない手でつぎつぎに開けられていったのも、これまでとまったく同じでした。するとそこへ、こんどは十六人のたとえようもないほど美しい女の人達が出て来て、ミッタヴィンダカを迎えてくれたのです。今までのどの美女達も、この人達の前では色あせて見えるほどふしぎな美しさと気品を備えていました。それは神々の国で夕暮《ゆうぐ》れに咲く大輪の花とでも言いたい美しさでした。ミッタヴィンダカは魂《たましい》もとろけんばかり、うつけたようになって遊び暮らしていたのです。しかし七日経つと、この十六人の美しい人達もまた、前の四人、八人と

刃の地獄

同じように、摩尼宝珠の宮殿から同じ言葉を残して出て行ったのです。ミッタヴィンダカはこの十六人にも、

「必ずここで待っていますからね」

と言っておきながら、またもやいかだに乗って海へ出たのです。流れに乗って行くうちに、こんどは黄金《おうごん》の宮殿がさんぜんとそびえ立っている島に着きました。まるで島全体が黄金で出来てでもいるようで、ミッタヴィンダカは気もそぞろに、きょろきょろ辺《あた》りを見回しながら宮殿の前まで歩いて行ったのです。堂々とした黄金の大きな門が、黄金のまばゆい道を行った先の玄関の黄金の扉が、中にある部屋々々の戸が、今までの三つの宮殿と同じようにつぎつぎに開いていったその後で、ミッタヴィンダカは太陽神の姫達ではないかと思われるほど輝かしい、黄金の像のような三十二人の女の人達に迎えられたのです。まるで金のつる草のようにたおやかな身のこなし、歌うようなそれでいて静かな低い透き通った声、あの摩尼宝珠の宮殿の十六人の美女達さえ、足許《あしもと》にも及《およ》ばない数々の美点をこの人達は持っていたのです。ミッタヴィンダ

カはこの思いもかけない幸せに骨の髄《ずい》まで酔《よ》いしれて、今はもう乗って来た船のことも、ましてや故郷《こきょう》に残して来た母親のことなどまるで忘れて、ただただ天上の快楽にひたり切って、金色の雲にすわってでもいるような毎日を送っていたのです。流れるような七日間でした。けれどもこの人達もまた、ほかの四人、八人、十六人の人々と同じように、同じ言葉を残して黄金の宮殿を出て行ったのです。ミッタヴィンダカはこの時も優しい言葉でみんなを送り出しながら、独りになると相も変わらず宮殿を出て、こんどは黄金の庭の小石を、袋いっぱいつめこむと、いかだに乗って海に出たのです。しばらく行くとはるか向こうに、実に堅固な城壁《じょうへき》に囲《かこ》まれた、立派な町が見えて来ました。近づいてみると四方にはがんじょうな門があって、その中はいかにも繁《はん》華《か》に栄えている様子《ようす》です。ミッタヴィンダカは、

(よし、この立派な町に入って、この国の王さまになってやろう。これだけの黄金があればどんなことでもできないはずはない)

こう心に決《き》めると、勢い込んでいかだを岸につけ、勇《いさ》んで城門を入って行ったので

す。すべては思っていた通りでした。町の中は美しく飾られていて、大きな店がずらりと軒《のき》を並べ、豊かに着飾《きかざ》った人々が、楽し気に連れだって歩いています。ミッタヴィンダカはすっかり嬉《うれ》しくなって思わず胸を張ると、自分が王さまになった時の姿を想像しながら町を歩いて行きました。すると行く手に、胸によろいをつけ、頭に大きな美しいはすの花輪《はなわ》をのせて、陽気に歌を歌いながら踊っている、一人の男の姿が見えて来たのです。花輪はゆっくりゆっくり回っていて、男はそれに合わせて身体《からだ》を曲げたり伸ばしたりくねらせたり、実に楽しそうに踊り続けています。見ているうちにミッタヴィンダカは、どうしてもその花輪が欲しくてたまらなくなりました。そこで男に声をかけたのです。

「おーい、君。そのきれいなはすの花輪を私に譲《ゆず》ってくれないか」

これを聞いた男はびっくりした表情で、

「これははすの花輪なんかじゃない。恐《おそ》ろしいはさみでできた刃《やいば》の輪《わ》だっ」

と答えました。けれどもミッタヴィンダカにはそんなことなどまるで信じられませ

ん。そこで小意地の悪い口調《くちょう》で笑いながら、

「君は私にそれを譲りたくないものだから、そんなでたらめを言っているんだ。でも私はそんなことでだまされたりはしませんよ。さあ、黙《だま》ってそれを私に譲って下さい」

と無理押しに言ったのです。ところがこれは本当に、鋭《するど》いはさみで作られた恐ろしい刃の輪でした。男が胸につけているよろいと見えたものは五重にかけられたいましめのなわでしたし、陽気な歌声と聞こえたのは、男のうめき声、身を曲げたり伸ばしたりくねらせたりしていたのは苦しみのためだったので、決して踊ってなどいたのではありませんでした。ここは地獄の中でも恐ろしい地獄の一つだったのです。ミッタヴィンダカの目に堅固《けんご》な町の城壁と見えたのは、他ならぬ地獄特有の造りでした、美しく飾られた繁華な町、軒を並べている大店《おおだな》と見えたものは、みな罪人を責《せ》める様々の責め道具が、懸けたり並べたりしてあるそれだったのです。また、豊かに着飾って楽しそうに連れだって歩いていると見えた人々は、実は刑罰《けいばつ》を受けてずたずたにされた罪人達が、うめき声を上げながら、よろよろと固まって歩いている姿だった

のです。

ミッタヴィンダカの二度目の言葉に、苦痛で息もたえだえになっていたその男は、はっと我に返ってその意味に気がつきました。

（ああ、どうやら私の罪も、許《ゆる》される時が来たようだ。あの男もきっと私のように、大切な母親にひどい仕打ちをしたに違いない。その上沢山な人を、利用するだけ利用して捨て去って来たのだろう。そのために自分から私にこれを〝よこせよこせ〟と言っているのだ。この輪が恐ろしい地獄の責め具だとも知らないで――）

そこで男はミッタヴィンダカに、

「そんなにこの輪が欲しいのなら、君に今すぐこれを譲り渡しましょう」

と近づいて来たミッタヴィンダカの頭に、その輪を投げかけたのです。

そのとたんでした。辺《あた》りはみるみるまっ暗《くら》になって、身の気もよだつ地獄の様相《ようそう》に変わったかと思うと、美しいと見えていたはすの花輪はたちまち男の言っていた通り、鋭いはさみの刃の輪になって、ミッタヴィンダカの頭にくい込むと、ゆっくりゆっく

り回りはじめたのです。ミッタヴィンダカは死にもの狂いで、

「君、頼むからこの輪を取ってくれっ。痛い、痛い、今すぐこれを取ってくれたまえよ」

と泣き叫びました。けれどもその時にはもう、男の姿はどこにもありませんでした。

ミッタヴィンダカはただ独り、苦痛に身をよじらせ、血を流しながら、なぜ自分がこんな所で、こんな目に会っているのか皆目《かいもく》見当もつかず、ただ無我夢中《むがむちゅう》で助けを求めて叫び続けていたのです。

そこへたまたま、世界の果《は》てから果てまでを、お供を従えて見回っておいでになった、神々の王サッカ（帝釈《たいしゃく》）が来られました。ミッタヴィンダカはそのお姿を見ると、

「サッカよ、このはさみの刃の輪は、まるで大きなすりこぎがごまをひきつぶすように、私をひきつぶします。一体私にどんな罪があって、こんなひどい目に会っているのでしょうか」

と尋ねたのです。するとサッカは足をとめて答えられました。

「ミッタヴィンダカよ、お前は危険な航海に出すまいと、必死で取りすがる母親を、

無体《むたい》にも振り払って倒したまま、見返りもせずに船出して来た。その罪の大きさがわかるか。その上お前は四つの島の宮殿で、四人、八人、十六人、三十二人の婦人達から、天上の楽しみを受けておきながら、その者達が地獄の苦しみを受ける時が来ると、きまって約束を破って海へ出て行った。お前はいつも自分のことしか考えず、わがままいっぱいに欲望だけを追って生きて来たのだ。しかし欲望というものには果てしがない。これをむさぼり求める者は、その時から刃の輪を荷《に》なうことになる。ミッタヴィンダカよ、正しい方法で得た財産を、進んで人々に施し、欲に引き回されず、慈《いつく》しみ深い人の言葉を素直《すなお》に受けて、人の道にかなった日暮らしをする者の上には、決してそのような刃の輪は回らぬものだ」

ミッタヴィンダカは、サッカがすべてを見通しておいでになるのを知ると、

「私はいつになったら、この恐ろしい輪からのがれることができるのでしょうか」

と聞きました。するとサッカはただ一言、

「命が尽《つ》きた時」

と言ったきり、天に帰って行かれたのです。

四つの詩

　昔、インドの西北にある文化の中心地タッカシラーの町に、一人の有名な先生が住んでいました。この先生の所へはインドの各地から、王子やバラモン族の青年達が教えを受けに集まって来ていたのです。

　ベナレスのブラフマダッタ王の王子も十六歳になるとここに来て、学問や武芸等を習っていました。やがて学業を終えた王子がいよいよ国へ帰ることになった時、人相を見ることにも勝《すぐ》れた能力を持っていたこの先生は、王子の顔に将来自分の息子《むすこ》から、非常な災《わざわ》いを受ける相が出ているのを見て取ると、

（よし、私の神通力《じんずうりき》で、この災いを取り除いてあげよう）

と王子に四つの詩を書いて手渡しました。

「ここに書いてある第一の詩は、あなたが国王の位に即《つ》かれ、お子さまの王子が十六歳になられた時、食事をしながら唱えるのです。第二の詩は、大勢の人を集めて大謁《だいえつ》見《けん》をなさる時に。第三の詩は、宮殿の階段をのぼって最上段に立たれた時、そこで唱えて下さい。第四の詩は、お一人で寝室に入られる時、敷居《しきい》の上に立ったままでこれを必ず唱えていただかなければなりません。以上の四つはお命にかかわる大切なことですから、決してお忘れになりませんように」

と力をこめてとくと言い聞かせたのです。王子は素直《すなお》な青年でしたから、

「先生、ありがとうございました。お教えは必ず忘れずに守ります」

とていねいに別れのあいさつをして、ベナレスへ帰りました。

やがて父王が亡くなると、王子はベナレスの王位に即きましたが、この国はほかの国王達からうらやましがられるほど豊かな国だったのです。それだけに王の行列も豪《ごう》華《か》そのもので、全身に飾《かざ》りをつけた白い大きな象に乗った王が、大勢の家来《けらい》を従え、

王宮から出かけて行く時の、威風辺《いふうあた》りを払わんばかりに堂々とした王者ぶりは、目を見張《みは》らずにはいられないものでした。

さて、この王には一人の王子がありました。十六歳になったばかりのある日、王子は父王のこのすばらしい姿を見ているうちに、それに引き較《くら》べて、いかにも見栄《みば》えのしない自分の姿がとてもつまらなく、腹立たしくさえ思われて来たのです。

（私が国王として、あのような栄光と名誉に包まれてこの都を練《ね》り歩く日は、いつのことだろうか。父上の治世はいつまで続くのだろう。一日も早くあの輝《かがや》かしい王位にのぼりたいものだ）

この気持ちはいつか激《はげ》しい焦立《いらだ》ちとなり、それは次第に父王への怒《いか》りと憎しみにまで変わって行きました。王子にはまだ、華《はな》やかな王者の一面にある厳《きび》しい孤独と心労が、まるでわかってはいなかったのです。ただ父王への憎悪だけが、身体中《からだじゅう》を焦《こ》がさんばかりに燃え上がりはじめていたのです。

（そうだ。父上を殺《ころ》すのだ。そうすれば私はその時から、このベナレスの王位に即ける）

こう考えた王子は、さっそくいつも自分の身近に仕《つか》えている家来達に、このことをそっと話しました。すると家来達はいさめるどころか、我が身の栄達《えいたつ》をまず第一に考えましたから、一も二もなくこれに賛成したばかりか、先を争って王子の気持ちをあおり立てたのです。

「王子さま、それはまったくおっしゃる通りでございます。何年先かわかりもしないその時を待って、お年を召《め》されてからのご即位では、本当につまりません。王位をめぐって肉親が殺し合うことなど、世の中にはいくらも例のあることでございます。一日も早く王さまのお命を取り、新王としてこの国の王位にお即きなさいませ」

などと口々に並べましたから、若い王子はまるで悪鬼《あっき》のように、朝から晩まで父王を殺す手段ばかり考えるようになりました。

王子がまず第一に考えたことは、毒《どく》を盛《も》って殺すことでした。ある日、父王と一緒《いっしょ》に夕食の席についた王子は、食べ物の中へ毒薬《どくやく》を入れようと、手にうまくかくし持っていたのです。こうして父王にご飯をついだその瞬間《しゅんかん》、王はタッカシラーで先生から教えられたことを思い出して、第一の詩を唱えました。

〝ねずみは注意深いもの
もみがらを知り、米《こめ》を知る
知ってそれらをよく選《え》り分けて
米粒《こめつぶ》だけを食べるもの〟

これを聞いた王子は、さては見破《みやぶ》られたかとぎょっとして、ご飯の中へ毒を入れるどころか、やっとのことで父王にあいさつをして席を立つと、心臓のどきどき激しく打つ音を気にしながら、その場から逃げるように立ち去ったのです。王子はこの失敗を、今は父王殺しの仲間になった自分の家来達に話して、何か良い方法はないものかと意見を求めました。それからは何かというと、広い王宮の庭園の人目につかない林の中や、城外《じょうがい》にある村の片すみに集まって、国王暗殺《あんさつ》の相談を練っていたのです。そのうち家来達が言いました。
「王子さま、一つ良い方法がございます。近々大謁見が行われます。沢山《たくさん》の人々がそろって王さまの所へごあいさつにまいりますから、この時、剣《けん》を持って大臣達の間にお立ちになり、すきを見て王さまを刺《さ》し殺されてはいかがでしょう」
王子はこれはうまくいきそうだと、当日は特によく手入れをした鋭《するど》い剣を持って、機会をねらって立っていました。この時、王は第二の詩を唱えたのです。

〝林の中の密談も
村の中での密談も
すべての悪い謀《はかりごと》
余《よ》はそれをみな知っている〟

王子は二度びっくりして、

（父上は私が父上を殺そうとしているのを知っておられる）

と恐《おそ》ろしさのあまり、夢中で人々の間を縫《ぬ》って広間を抜け出すと、仲間を集めてこの話をしました。家来達もこれには少しばかり薄気味《うすきみ》が悪くなりました。一つ間違えば自分達の命だって危《あぶ》なくならないとは限りません。そこですぐさま手分けをして、注意深く王の王子に対する気持ちの動きを探《さぐ》りはじめたのです。けれどもその結果は、取り立てて言うほどのことは何一つありませんでした。家来達はほっとして、一週間ほどすると王子に向かって言いました。

「王子さま、王さまは何もご存じありません。すべてはあなたさまの思い過《す》ごし、お気のせいだったのです。勇気を出してはじめのご決心通りになさいませ」

とまたもやけしかけたのです。そこで王子は気を取り直して、こんどは刀をひっさげると、宮殿の最上階にある部屋の中に立っていました。ここなら邪魔《じゃま》が入らないと思ったからです。ところが王は階段をとことこ上がって来ると、一番上の段に立ちどまって、先生から教えられた第三の詩をゆっくりと唱えたのです。

〝ある父親ざるは強い歯で
幼い我が子に傷をつけ
雄《お》ざるを無事《ぶじ》には育てずに
さる王の座を守るという〟

部屋の中でこれを聞いていた王子は、全身から血が引いていく思いで、あわてて剣をかくしました。

（やはり父上はご存じだったのだ。私は捕《と》らえられるに違いない）

王子は生きた心地《ここち》もなく足音をしのばせてそこから出ると、急いで仲間の家来達の所へ行って、

「間違いなく父上は知っておられる。今日はついに私をおどされたぞ」

と言ったのです。家来達はまた半月ほどの間、念入りに探りを入れてみました。けれどもやはり何の気配《けはい》もありません。そこで、

「王子さま、まったくご心配には及びません。もし本当に王さまが少しでもお気づきでしたら、とても今まで許《ゆる》してお置きになるはずなどございません。そのような情報は一つとして入っては来ないのです。ぜひ目的をお遂《と》げ下さい」

とみんなで激励《げきれい》しましたから、王子はこんどもまた気を取り直して、ある晩のこと、少し早目に王の寝室に入りました。ここへは王がいつも一人で入って来ることを、よく知っていたからです。王子はどこがよいかと見回して、腰掛《こしか》けの下に這《は》い込むと、剣を抜き放《はな》ったまま身を伏せて、待ち構《まかま》えていました。やがて王の足音が聞こえて来ました。王子は息を詰《つ》めるようにして、足音が一歩々々近づいて来るのを、今か今かと待っていました。ところが足音は、寝室の敷居の所でぴたりととまってしまったのです。王はそこに立ったままで、先生の教え通りに第四の詩を唱えはじめました。

〝からしな畑に入り込んだ
目の不自由な山羊《やぎ》に似て

四つの詩

ひそかにその身を物陰《ものかげ》に
低くひそめている者よ、
余はこれもまた知っている〟

これを聞いた王子は、もう駄目《だめ》だとこんどこそ観念したのです。

（父上は何も彼もすべてお見通しだったのだ。私は殺されてしまう）

腰掛けの下から這い出して来た王子は、持っていた抜き身の剣を放《ほう》り出すなり、父王の足許《あしもと》に身を投げ出して許しをこい、今までのことをすっかり話してしまいました。

王は王子の不心得《ふこころえ》を厳《きび》しく責《せ》め、即刻《そっこく》くさりで縛《しば》らせてろうやに入れさせましたが、決して殺させようとはしませんでした。

王はこの時、自分がこの王子と同じ歳《とし》のころ、遠いタッカシラーの町で、先生から受けた数々の教えと、今になってはじめて知る、恐ろしいまでにふしぎな威力を持つ「四つの詩」を、最後に授《さず》けて下さった時の、慈《いつく》しみにあふれた恩師の深いまなざしを、言いようもない感謝の中でなつかしく思い起こしていたのです。

逃げ出したジャッカル

昔、ヒマラヤの中腹に一つの大きな森がありました。森には大小幾《いく》つかのどうくつがありましたが、その中の一つに、野生の山羊《やぎ》が数百匹も群《むれ》をなして住んでいたのです。これに目をつけたのが近くのほら穴に住んでいたジャッカルの夫婦です。あの山羊がみんな自分達の食糧になるのかと思うと、ジャッカル夫婦は気もそぞろで、毎日夕暮《ゆうぐ》れになるとそろってほら穴を出ては、それとなく様子《ようす》を探《さぐ》っていました。こうして山羊達の生活がのみ込めたところで、次には言葉たくみに一匹ずつ誘《さそ》い出して、順々に食べていったのです。やがてジャッカル夫婦の身体《からだ》はいつの間にか二回りも三回りも大きくなって、毛並みもつやつやと生気《せいき》に溢《あふ》れて来ましたが、そのころにはあれほど沢山《たくさん》いた山羊達も、たった一匹だけになっていたのです。けれどもこの一匹は、とても賢《かしこ》い雌《め》山羊でした。どんなにジャッカル夫婦が知恵をしぼっても、おびき出すことさえできません。

（何とかしてあの雌山羊も食べてしまわなくては――）

ジャッカルの夫婦は頭をひねって考えていましたが、ある日、夫のジャッカルが一つのうまい方法を思いつきました。それは女同士という気安さから、ごく自然に妻を雌山羊に近づけて、次第《しだい》々々に警戒心《けいかいしん》を解《と》きほぐし、雌山羊がすっかり気を許《ゆる》したその時に、自分がふいに飛びかかって食い殺そうというものでした。妻のジャッカルもこれには大賛成で、夫の指図《さしず》通り、これも食べたい一心から、根気よく愛想の限りを尽《つ》くして雌山羊を訪《たず》ね続けたのです。雌山羊にはこんなジャッカル夫婦の魂胆《こんたん》がわかりすぎるほどわかるので、はじめのうちは、何を言われてもそ知《し》らぬ顔をしていました。けれどもよく考えてみると、いざとなれば絶対に弱いのは自分の方です。いつまでもこんなことをしていて、これを争いのきっかけにでもされては、それこそかえって身の破滅《はめつ》だと、少しずつ話をしたり、つき合ったりするようになりました。とはいっても、もちろん決して心を許したのでもましてや油断《ゆだん》をしていたのでもありません。けれども雌山羊が次第に優《やさ》しくなって来たことを、そのつど細大《さいだい》もらさず聞いていた夫のジャッカルは、

(計画通り、うまく事が運んで来たようだ)

と大喜びで、いよいよ次の段階に入る手はずを決めました。

明《あ》くる日《ひ》、妻のジャッカルは言いようもないほど悲し気な様子で雌山羊の所に来ると、声をつまらせてこう言ったのです。

「山羊さん、主人が亡くなりましたの。突然《とつぜん》主人が亡くなってしまいましたの。私どうしたら良いのかまるで見当もつきません。あなた、お願いです。今すぐ私と一緒《いっしょ》に来て、死体の始末《しまつ》を手伝って下さいませんか。私にはあなたのほかに誰も頼る友達がないのです」

雌山羊は聞くなり言いました。

「それだけはできません。あなたのご主人は実に残酷《ざんこく》で、私の一族はみんな、あなたのご主人のためにひどい殺され方をして食べられてしまったのです。何としても私は行くことなどできません」

妻のジャッカルは内心どきりとしながらも、いかにも友達甲斐《がい》がないと言いた気《げ》な、なじるような口調《くちょう》で、

「まあ、あなたほどの賢い方がそんなことをおっしゃるなんて。主人はもう死んでしまっていますのよ。死んだ主人に何ができるというのでしょう。あなたは私を助けては下さらないのですか」

この機会《きかい》をのがしてはたいへんと、妻のジャッカルは自分でも自分の言っていることが本当に思えて来るほど夢中になって、何とか雌山羊を連れ出すことに成功しました。それでも雌山羊の方はまだまだ心の底から信じ切っていた訳《わけ》ではありません。

（たしかに死んだとは言うけれど、あの恐《おそ》ろしいジャッカルのことだから、要心《ようじん》だけは十分にしておかなくては）

としおしお歩いて行く妻のジャッカルの後《あと》から、注意深く辺《あた》りに気を配りながらついて行ったのです。

夫のジャッカルは、打ち合わせ通り、死んだふりをしてべたりと地面に横たわっていたのですが、八本の足音が近づいて来るのを耳にすると思わず、

(しめたっ。女房のやつ、うまくやったな)

と久しぶりのごちそうに我を忘れて頭を持ち上げざま、ぎょろりと目玉を光らせて雌山羊を見てしまったのです。瞬間《しゅんかん》、それに気づいた雌山羊は、

(やっぱりこういうことだったのだ——)

と素早《すばや》くくるりと後《うし》ろを向くやいなや、一目散《いちもくさん》に自分のどうくつへ逃げて帰ってしまいました。

さあ、妻のジャッカルは折角《せっかく》の苦労が水の泡《あわ》になってしまったのですから、もう腹が立って腹が立ってどうにも治《おさ》まりません。肝腎《かんじん》な時に、ひょいと頭を持ち上げてこっちを見た間抜《まぬ》け極《きわ》まる夫にはもちろん、これは実にあきれ果《は》てた、筋違《すじちが》いもはな

はだしい話ですが、必死になって逃げて行った雌山羊に対して無性《むしょう》に激《はげ》しい怒《いか》りを燃やすと、さっそく次の計画を練《ね》りはじめたのです。

やがて妻のジャッカルは、小さくなってしょげ返《かえ》っている夫をなぐさめて言いました。

「すんだことは仕方《しかた》がないわ。でも大丈夫、あの雌山羊はもう一度、必ずここへ連れて来ますから。その代《か》わりこんどこそ下手《へた》なことはしないで下さいね。ちゃんとつかまえて殺して下さらないと承知《しょうち》しませんよ」

夫のジャッカルはほっとして、そんな妻のきげんを取るようにうなずきました。

さて、妻のジャッカルはすぐさま、さっきとは打って変わった笑顔を作って雌山羊の所へ行くと、嬉《うれ》しそうに晴《は》れやかな声を張り上げて言ったのです。

「山羊さん、さっきは驚《おどろ》かせて本当にごめんなさい。でもあれはあなたが来て下さったおかげなんです。死んでいた主人がちょうどあの時、思いがけなく息を吹き返《かえ》してくれたのですから。いわばあなたは私達夫婦にとっては命の恩人です。このお礼にぜひお食事を差し上げたいと主人からもことづかって来ましたの。おいで下さいますわね」

賢い雌山羊はジャッカル夫婦の思惑《おもわく》にすぐ気がつきました。けれどもいつもと少しも変わらない、おだやかな調子でこう答えたのです。

「まあ、それは何よりでした。折角のおまねきですから喜んで伺《うかが》いますわ。ただ私には供の者が沢山《たくさん》おります。その者達の食事もご用意願えるのでしたら――」

妻のジャッカルはどんなお供がどれくらいついて来るかを尋《たず》ねました。すると雌山羊は事もなげに、

「灰色ととび色をした猟犬《りょうけん》と、地獄の王の使い、四つ目でまだらの二匹の犬と、神々の中でも最も強く勇《いさ》ましいスカンダ神の従者《じゅうしゃ》、ヂャンブカという犬、これが私の供としてついてまいります。ただし、この者達にはそれぞれ五百匹ずつの犬が従者として従《したが》っていますので、この全員が満足するだけの食べ物を、ご用意いただきたいのです。さもなければこの犬達は、きっとあなた方を食い殺してしまうでしょう」

と答えましたからびっくりしたのは妻のジャッカルです。恐《おそ》ろしいので有名な犬の名前を聞いただけでも身の毛がよだっていましたのに、その犬達がさらにそれぞれ

五百匹ずつの従者を連れて来るなんて、一体全体《ぜんたい》どうしたらいいというのでしょう。食べ物だってとうていそれだけの量は用意できません。確実《かくじつ》なのは自分達夫婦の命が危《あぶ》ないということだけです。妻のジャッカルはあまりのことに、今の今まで自分達がこの雌山羊を食べようと、あれこれだまし続けて来たことも忘れて、雌山羊の言葉をうのみにすると、ただおろおろと必死になって頼んだのです。

「私の方から言い出して、今更《いまさら》本当にお恥《は》ずかしいことですけれども、とうていそれだけの食べ物を用意することなどできません。どうかこの話は無《な》かったことにして流してはいただけないでしょうか。お願いします」

頭を地面《じめん》にすりつけてやっとこれだけのことを言うと、妻のジャッカルはふるえながら夫の所へ飛ぶように帰って行ったのです。これを聞いた夫のジャッカルも腰を抜かさんばかりに驚いて、二匹はあわてふためきながら、後をも見ずにそのまま森から逃げ出して行ってしまいました。

こうして賢い雌山羊は、沈着《ちんちゃく》なとっさの知恵《ちえ》で、自分の一族をすっかり食べてしまったジャッカルの夫婦を、ついに独力でこの森から追《お》い出すことができたのです。

わがままなおきさきの話

昔、ベナレスでセーナカという王が国を治《おさ》めていた時のことです。王はある龍王と親しくしていましたが、この龍王は人間界に出て来て食べ物を探《さが》していたのです。

ある日、王が家来達《けらい》と広い庭園を散歩していますと、向こうの方で子供達が、寄ってたかって一匹のへびに石を投げつけています。王はそれを知ると、

「へびを打たせてはならぬ。早く逃がしてやれ」

と家来に命じてへびを逃がしてやりました。

その夜、王の寝室《しんしつ》に龍王が、沢山《たくさん》の珍《めずら》しい宝玉を持って現れました。昼間のへびはこの龍王だったのです。

「今日は本当にありがとうございました。あなたのお陰《かげ》で私は命拾《びろ》いをいたしました。これは心ばかりのお礼の品です。どうかお受け下さい」

夢うつつにこれを聞いていた王は目を覚《さ》まして、人間界ではとうてい見ることのできない数々の宝玉に、夢ではなく本当に龍王が昼間のお礼に来たことを知ったのです。

こんなことがあってから、龍王とセーナカ王はますます親しくなりました。龍王は王を護衛させるために、龍女の中でも一番精気《せいき》にあふれた、若くて強い一人を、王の侍女として連れて来たのです。

「もし、この者の姿が見えない時には、この『じゅもん』を繰《く》り返《かえ》しとなえて下さい」

龍王はこう言って、王に一つの『じゅもん』を教えて行きました。

ある午後のことです。セーナカ王は庭園にある美しいはす池で、龍女をお供に水浴びをしていました。そこへたまたま一匹の水へびが泳《およ》いで来たのです。これを見つけた龍女は、とたんに、王を護衛することなどすっかり忘れて、あっと言う間に姿を変えてへびになると、夢中になって水へびとたわむれはじめました。王は龍女の姿が見

えないので、

（どこへ行ったのだろうか）

と龍王に教えられていた『じゅもん』を繰り返しとなえましたが、龍女のふしだらな姿を見つけると、こらしめのために竹の杖《つえ》で打《う》ちすえたのです。気の強い龍女は、そんな所を見られた上に、竹の杖で打《う》たれた二重の口惜《くや》しさに目をつり上げると、すぐさま龍王の所へ帰って行って、

「セーナカ王は、命令に従わないと言って、私の背中を竹の杖で、こんなにひどく打ったのです。これをご覧下さい」

と背中を見せたからたいへんです。事のいきさつをまったく知らない龍王はすっかり腹を立てて、四匹の勢《いきお》いの強い若い龍を呼び出すと、セーナカ王の寝室へ行って、激《はげ》しい鼻息で王の身体《からだ》をこっぱみじんに吹き飛ばして来いと命じたのです。四匹の若い龍は夜を待って、セーナカ王が寝台に横になったころ、そっと寝室に忍《しの》び込みました。ところがちょうどこの時、王はおきさきに昼間はす池で起きたことを話していた

のです。

「……それで龍女は怒《おこ》って国へ帰って行ったのだが、本当のことはとうてい申すはずがない。自分の名誉を守るために、何をどう言っているかわからぬが、龍王と余《よ》の友情を傷つけるようなことにならねばよいが――、余はそれを案《あん》じているのだ」

これを聞いた四匹の若い龍は目を見合わせてするりと寝室から抜け出すと、龍王の所へ帰って一部始終を報告しました。龍王はセーナカ王への申し訳《わけ》なさと、自分の軽《けい》率《そっ》さへの後悔でいたたまれなくなりました。そこですぐさま自分で王の寝室へ行ったのです。すべてを話して王を殺そうとしたことへの許《ゆる》しをこい、つぐないの印《しるし》として「あらゆる生き物の声を理解することのできるじゅもん」をセーナカ王に教えたのです。その時龍王は、

「大王よ、これは非常に貴重な『じゅもん』です。間違ってもほかの人に教えてはなりません。もし、あなたがこの『じゅもん』をほかの誰かに教えた時には、教え終わった瞬間《しゅんかん》に、あなたは燃え上がる炎の中で焼け死なねばなりません。ですから決し

わがままなおきさきの話

てこのことを忘れないでいて下さい」

とくれぐれも念を押して言いました。セーナカ王も、

「決して忘れはしない。余は誰にも教えぬ」

と固《かた》く約束をしてその『じゅもん』を受けたのです。

それからというもの、セーナカ王はあらゆる生き物の話していることが、人間の言葉と同じにわかるようになりました。

ある日のことです。王は大きなオオギヤシの木の下で、蜜《みつ》で作ったお菓子や砂糖菓子を食べて一休みしていましたが、お菓子のかけらをぽろりぽろりと土の上に落としてしまったのです。するとそこへ忙しそうにやって来た一匹のありが、これを見つけて大声で仲間達に知らせました。

「おーい、王さまが大きなオオギヤシの木の下で、蜜のかめをこわされた。ものすごい量の蜜や砂糖菓子がこぼれているぞ。早く来いよ、みんなで食べよう」

これを聞きつけて、みるみる沢山のありが集まって来たかと思うと、わいわい騒ぎ

ながら興奮《こうふん》して走り回りはじめました。セーナカ王にはあり達の言葉が手に取るようにわかりましたから、思わずほほえましくなって、ふくみ笑いをしてしまったのです。

王のそばにいたおきさきは、

(何を見て笑っていらっしゃるのかしら)

とふしぎに思いました。けれども王はそのまま何も言わずにお菓子を食べ終わると、水浴をすませて、ゆったりと脚《あし》を組んですわりました。そこへこんどははえの夫婦が飛んで来て、こんな会話をはじめたのです。夫のはえが言いました。

「さあ、早くここへおいで。一緒《いっしょ》に楽しく過《す》ごそうよ」

するど妻のはえが、

「あら、お前さん、しばらく待っていて下さいな。間もなく王さまのご家来衆《しゅう》が来て、王さまのお身体《からだ》にすてきなお香《こう》を塗りますわ。その時お香の粉が王さまのお足許《あしもと》に沢山落ちますから、私はそれを身体中に浴びてから、夢のようないい香りの中で楽しみたいと思っていますの。そうだわ、王さまのお背中の上にとまることにしましょうよ」

と答えたのです。

これにはセーナカ王もあまりのおかしさに、声を立てて笑ってしまいました。おきさきはこの時も、

(王さまは何をご覧になって、こんなにお笑いになるのかしら)

と考えていたのです。

やがて、夕食の時間が来て、食事をはじめたセーナカ王は、うっかりしてご飯のかたまりを下に落としてしまいました。こんどもあり達がこれを見つけて、また大騒ぎをはじめたのです。

「王さまの所で、ご飯を積《つ》んだ車がこわれた。こんなに沢山こぼれているのに、誰も食べる人がないようだ。おーい、みんなして運んで行こうよ」

王はこれを聞くと、あり達が可愛《かわい》らしくて、またまた思わず小さく笑いました。おきさきは黄金《おうごん》の匙《さじ》で、王にご馳走《ちそう》をついでいましたが、

(今日はこれで三度も、特別の理由もないと思われるのに、王さまはひとりで笑って

いらっしゃる。これはきっと、私のどこかがおかしいのに違いない）

と落ち着かない気持ちのまま、夜になるのを待っていました。

やがて、家来がみな引き下がって二人だけになると、おきさきはさっそく、

「王さま、今日はどうして三度まで、訳もないのにひとりで笑っておいでだったのですか。私のどこかがおかしゅうございましたの」

と少し腹立たしそうに尋《たず》ねました。

「いやいや、そなたのことを笑っていたのではない」

「では、なぜあのようにお笑いになりましたの」

セーナカ王は答えることができないので、何とかしておきさきの質問のほこ先をかわそうとするのですが、おきさきは何としても承知しません。一つ、一つ、とことん問いつめて、答えるまでは寝かそうとしないのです。これにはセーナカ王もとうとう根負けして、訳を話してしまいました。ところが訳を聞いたおきさきは、次にはその「じゅもん」が知りたくてたまらなくなったのです。そこで、

「私にも、ぜひそのふしぎな『じゅもん』をお教え下さい」

と言い出しました。しかし王も、それだけは誰にも絶対教えることができないのだと、厳《きび》しい調子で答えたのです。するとおきさきは、甘えたり怒ったりして、前にもまして王を責《せ》め立てはじめました。ほとほと困り果《は》てたセーナカ王は、

「きさきよ、もしこの『じゅもん』を教えた時には、教え終わったその瞬間に、余は燃えしきる炎の中で焼け死なねばならんのだぞ」

と言ったのです。けれどももともとひどくわがままだったおきさきには、そんな王さまの言葉などまるで耳にも入りません。ただ教えてもらいたい一心でつめよるばかりでした。おきさきの性質を知り抜いているセーナカ王は、仕方《しかた》なくついにあきらめてしまったのです。

「よろしい。それでは教えることにしよう」

こう言った時、王はもう死ぬ覚悟をしていました。けれどもおきさきの方は大喜びだったのです。事の重大さも、王の深刻な胸の内も、ましてや王が亡くなった後《あと》、自

分がどうなるかということさえ考えずに、おきさきはただ望みがかなえられることに満足して、すやすやと眠ってしまいました。
明《あ》くる日《ひ》、王はこの大切な「じゅもん」をおきさきに教えるために、馬車を仕立てて遠くにある大きな庭園へ向かったのです。
この時、天上から下界の様子《ようす》を見ていたサッカ（帝釈《たいしゃく》）はこれを知ると、（何ということだ。あわれにも愚《おろ》かなこの王は、きさきのために身を亡《ほろ》ぼして死に急ごうとしている。すぐにも行って救ってやらねばならぬ）
と妻のスジャーを連れて大急ぎでベナレスの町に降りると、雌山羊《めやぎ》と雄山羊《おやぎ》に姿を変えて、セーナカ王の馬車の前を走り出しました。この時サッカは注意深く、神の力で自分達の姿を、王とその馬車を引くシンドウ産の馬にしか見えないようにしておいたのです、その上で、事をうまく運ぶために、まず馬の注意を引きつけようと、妻のスジャーと一緒に、まるで二匹の山羊が人前もはばからず、慎《つつし》みのない愛の交換をしているといったそぶりをして見せました。効果はてきめんでした。誇り高いシンドウ産の馬は、すぐさまにがり切って声をかけたのです。

「おい、おい、君達。いいかげんにしないか。『山羊は愚かで恥知らずだ』とは聞いていた。けれどもまさかこれほどまでだとは思わなかったよ。まったくあきれて物も言えない。あの言葉は本当だった」

するとこれを待っていたサッカの山羊は、負けずに言い返《かえ》しました。

「そう言う君だって、愚かなことでは我々と少しも変わらないじゃないか。考えても見給え。君は口にくつわをはめられて、それにつけられた手綱《たづな》で、人間の思い通りに走らされている。おまけに目はいつも地面の上しか見ていない。それだけでもあきれたものだが、何より愚かだと思うのは、脱《のが》れられる時にさえ、そこから脱れようとしないでいることだ。ところで、その君よりもさらに愚かな人がいる。それは今、君が引いている車の中のセーナカ王だ」

王は山羊と馬の会話を聞いて、もっと山羊に近づこうと車の速度を早めました。馬は走りながら山羊に向かって尋ねたのです。

「山羊君、私の愚かさは君の言う通りだと思うよ。けれどもどうしてセーナカ王をこの私よりさらに愚かだと言うのかい。その訳を教えてくれないか」

これを聞いて、サッカの山羊はここぞとばかり答えました。

「得ようとしても得られない、世にも貴重な宝を得ながら、心弱くも妻の求めをこばみ切れずに、至上の宝を失うばかりか、一つしかない命まで、王は今、なくそうとしている。そうなれば国民は王を失い、おきさきもまた大切な夫を亡くしてしまうのだ。こんなことさえわからずに、大事と小事の見境《みさかい》もつかず、妻の言いなりになって、死への道を走って行くこの王が、愚かでなくて何だろう」

セーナカ王はこれを聞くと、

「山羊の王よ、あなたはきっと私達を助けて下さるに違いない。どうすれば良いかを教えては下さらんか」

とていねいに頼んだのです。すると雄山羊は、

「王よ、すべての生き物にとって、自分ほど大切なものはありません。それをあなた

は愛する女性のわがままな望みのために、命を捨て、折角《せっかく》得ていた王としての名声までなくそうとしておいでになる。これはあまりにも愚かなことです。国王としての責任を自覚して、ご自分をもっと大切に尊ばれなくてはなりません。あなたが名実ともに偉大な王となられたその時にこそ、すばらしい女性達が、限りない愛と尊敬をあなたに捧《ささ》げましょう」

と言いました。王は非常に喜んで、

「山羊の王よ、あなたはどこへ行くのですか。どこに住んでいるのですか」

と尋ねたのです。そこでサッカははじめて身分を明かしました。

「私は神々の王サッカである。あまりにも死に急ごうとするそなたが哀《あわ》れで、そのままにしておけず、命を救ってあげようと、こうして姿を変えて馬車の前を走っていたのじゃ」

セーナカ王は、驚《おどろ》きと感謝で顔を輝《かがや》かせながら、

「サッカよ、ありがとうございます。けれども私は妻に『じゅもん』を与える約束を

してしまいました。これをどうすればよいものでしょうか」

と相談しました。

「安心するがよい。きさきには『これは特別の魔法であるから、受けるためにはこれだけのことをしなければならぬ』と言って、むちで打《う》たせるのじゃ。きさきは必ず耐《た》え切れずに、『じゅもん』を受けることをあきらめるだろう」

とその方法を詳《くわ》しく教えて、天に帰って行きました。セーナカ王はサッカに教えられた通り、庭園に着《つ》くとさっそくおきさきを呼んで言いました。

「きさきよ、『じゅもん』はやはり受けたいか」

「はい。ぜひお教えいただきとうございます」

「そうか。ではこれは特別の魔法であるから、それを受けるためのきまりに従いなさい」

「そのきまりとは、どのようなことでございますか」

「背中を百回むちで打つ。その間、一度たりとも声を立ててはならぬのじゃ」

「よろしゅうございますとも。きまりに従いましょう」

おきさきは『じゅもん』受けたさにこう返事をしたのです。そこで王は家来にむちを持たせて、おきさきの背中の左右を力いっぱい打たせました。はじめのうちこそ歯を食いしばって耐えていたおきさきも、四回目あたりになると、

「もう、『じゅもん』などはいりませぬ」

と大声で泣き出してしまいました。けれども王は、このわがままなおきさきをそのまま許《ゆる》しはしませんでした。

「余が死なねばならぬと申しても、そなたはなおその『じゅもん』を受けたいと言ったな」

王は罰《ばつ》として、改めて激《はげ》しく背中を打たせたのです。

それからというもの、おきさきは二度と再び『じゅもん』のことを口に出さなくなりました。それだけではありません。自分のことしか考えなかった、それまでのわがままで小さな心から抜け出して、思いやりのある優《やさ》しいおきさきになったということです。

犬の教え

昔、ベナレスのブラフマダッタ王は、ある日、お気に入りの豪華《ごうか》な馬車に乗って、離宮《りきゅう》に出かけて行きました。一日をゆっくり遊んだ王は、日もとっぷり暮れてから王宮に帰って来たのです。疲《つか》れていた家来《けらい》達は、馬《うま》だけを馬屋《うまや》に入れて馬車は王宮の庭においたまま家へ帰ってしまいました。

ところがその夜、運悪く雨が降ったのです。馬車はずぶぬれになって、つけたままになっていた革《かわ》ひもや革具《かわぐ》は水をすってすっかり柔《やわ》らかくなりました。これを王宮に飼《か》われていた犬達が食べてしまったのです。

明《あ》くる日、これを見た家来達はあわてて、

「王さま、昨夜下水口から入って来た犬どもが、王さまの大切なお馬車の革ひもと革具を、すっかり食べてしまいました」

と報告したからたいへんです。王はひどく腹を立てて、

「けしからん。見つけ次第《しだい》、その犬どもを皆殺《みなごろ》しにしてしまえ」

と厳《きび》しく命じたのです。こうしてそくざに犬の大虐殺《だいぎゃくさつ》がはじまりました。

犬達は命からがら、町はずれの大きな墓地に住んでいる犬の頭《かしら》の所へ逃《に》げ込みました。

「どうした。こんなに沢山《たくさん》集まって来て、一体何があったのだ」

頭が聞くと、犬達は恐《おそ》ろしさにおびえ切ったまま答えたのです。

「『犬を皆殺しにしろ』という、おふれが出たのです。私達は見つかり次第殺されてしまいます。もう、ずいぶん殺されました」

「ゆうべ、王さまのご殿《てん》の庭で、犬が王さまの大切な馬車の革ひもと革具を食べたというので、このおふれが出たのです」

これを聞いた犬の頭は、

（あの厳重《げんじゅう》な警備《けいび》だ。外の犬はまず王宮には入れない。これは王宮で飼《か》われている犬達の仕業《しわざ》に違いないのだ。それをまったくとがめもせず、罪もない外の犬達を殺すとは何ということだ。よし、私が行って王さまに本当の犯人を見せ、みんなの命を守ってやろう）

こう決心すると、力強い声で言いました。

「みんな、もう恐《こわ》がることはない。私がこれから行って、王さまによく話をして来よう。私が帰って来るまで、みんな安心して待っていなさい」

犬達はそれを聞くと、必死《ひっし》で頭を引きとめました。

「とんでもないことです。見つかったら最後、すぐに殺されてしまいます。どうか行かないで下さい。ここにいて下さい」

けれども犬の頭は、

（必ず、私は仲間達を助けるのだ。人間よ、私の上には、石もハンマーも投げてはならない）

と一心に念じて、ただ一頭、危険極《きわ》まりない町の中へ入って行ったのです。このたとえようもない、あふれるような仲間達への慈《いつく》しみ、何とかして助けてやらなければという哀《あわ》れみに満ちた心とその強い決意のためでしょうか、際立《きわだ》って大きく、堂々《どうどう》とした犬の頭の姿を見ながら、誰一人、石を投げようとも、ハンマーを投げつけようとも、ましてや殺そうなどとは少しも思わず、瞬間《しゅんかん》、王の命令さえ忘れて、家来達は黙《だま》って小牛ほどもある犬を見送っていたのです。

こうして奇跡的《きせきてき》にも無事に、王のいる法廷に入ることのできた犬の頭は、一飛《ひとと》びに玉座の下に入り込みました。驚《おどろ》いた家来達が引っぱり出そうとするのを、これもふしぎなことに王自身がとめたのです。犬の頭は勇気をふるって這《は》い出すと、ブラフマダッタ王にお辞儀《じぎ》をして言いました。

「王さま、王さまは私達犬を、皆殺しにしようとお考えですか」

「その通りだ」

「私どもにどんな罪《つみ》があるのでしょうか」

「余《よ》の大切な馬車の、革ひもと革具を食べたからだ」

「食べた犬を、確《たし》かにご存じなのでしょうか」

「それは知らん」

「それがはっきりしないというのに、見つけ次第、片端《かたは》しから犬を殺すというのは、正しいことではありません」

「しかし、馬車の革ひもと革具は、たしかに犬が食べたのだ。だから見つけ次第、すべての犬を殺せと命じたのだ」

「それはすべての犬ですか。それとも、殺されない犬もいるのでしょうか」

「もちろんいる。それは余の飼《か》っている王宮の犬達だ」

「王さま、それではあまりにも筋《すじ》が通りません。すべての犬を殺せ、と命令なさりながら、王宮の犬だけは別、というのでは、まったくの不公平です。それは無理を通すことで、正当ななさり方ではありません。王さまとしてなさってはならないことです。一国の王が物事の原因を取り調べられる時には、はかりのように正しくなさらなければばなりません」

ここまで言うと犬の頭は一段と、心に深くしみ徹《とお》る清らかな声で、

「王さま、王宮に飼われている、血統正しく、美しくて力のある犬達は殺されずに、外の私達だけが殺される。これは、すべての犬を殺すのではなく、弱いものを殺すということです」

と言いました。王はなるほど考えてみるとその通りであったと、少しばかり反省しはじめたのです。

「賢《かしこ》い犬よ、それではお前は、革ひもや革具を食べた犬を知っているのか」

王は言葉までだんだんていねいになっていました。

「知っております。それは王宮の犬達です」

「どうしてそれがわかるのかな」

犬の頭は、牛乳を煮つめた中で吉祥草《きちじょうそう》を潰《つぶ》して、その液《えき》を王宮の犬達に飲ませるようにと言いました。王がその通りにさせると、何ということでしょう。それを飲んだ

犬達はみな、液と一緒《いっしょ》に食べていた革を、すっかり吐《は》き出してしまったのです。あまりのことに王は、
「すべてをご存じの、真理に目覚《ざ》めたお方の仰《おお》せのようだ」
と驚《おどろ》きと尊敬《そんけい》と喜びでいっぱいになって、王の印《しるし》である白いかさを、うやうやしく犬の頭の上に差し出しました。
犬の頭は改めて王に正義を説くと、これからも怠《おこた》らず努力を続けられるようにと言って、
生きものを殺さないこと、
盗《ぬす》みをしないこと、
男女の間柄を正しく保《たも》つこと、
うそをつかないこと、
お酒を飲まないこと、
この五つの戒《いまし》めを授《さず》けてから、王に白いかさを返《かえ》したのです。

王はすぐに『一切の生きものに恐れを抱かせてはならぬ』というおふれを出しました。また、犬の頭をはじめすべての犬達に、今日からは自分と同じ食べ物を与えよと係の者に命じたのです。

それから後《のち》、ブラフマダッタ王は生涯、この『犬の教え』を固《かた》く守って正しく国を治《おさ》め、寿命《じゅみょう》が尽《つ》きるとその徳行によって天に生まれて行きました。

欲の報《むく》い

昔、ある村に漁師《りょうし》の一家が住んでいました。夫婦仲はいたって良いのですが、二人そろってひどく欲の深いたちでした。ある日のことです。漁師は息子《むすこ》を連れて、森の中にある魚のよくつれる池に出かけて行きました。漁師が得意のつり針を投げると、さっそく手応《てごた》えがありました。相当大きな魚のようです。ぐいと引っぱったくらいでは一向《いっこう》に動きません。

（こりゃ、よっぽど大きなやつが引っ掛かったに違いない。となると、隣近所に分けなきゃならんことになる。そうだ、かみさんにそう言って、今のうちに回りの連中と仲違《なかたが》いさせておこう。そうすれば誰ももう、これを分けてくれとは言って来んだろう

から)

こう考えた漁師はさっそく、このことを家に居るおかみさんに知らせて、隣近所とうまくけんかをしておくように息子に伝えさせました。

ところが、つり針は岸からは見えませんでしたが、水の中の木の切《き》り株《かぶ》に引っ掛かっていただけだったのです。けれどもそうとは知らない漁師は、あまり引っぱってつり糸が切れたり、何かのはずみにつり針がはずれてはそれこそ一大事だとばかり、上着を岸に脱《ぬ》ぎ捨てて、ざんぶとばかり水の中へ飛び込みました。

(大きな魚――すごーくでっかい魚――)

と夢中になって、自分のつり針に掛かっているはずの大きな魚を探し回っていた漁師には、魚のほかは何一つ目に入りません。そんな時でした。いきなり、つき出していた木の切り株にぶつかって、漁師は両方の目を一瞬《いっしゅん》のうちにつぶしてしまったのです。もう魚どころの騒ぎではありません。あまりの痛さと苦しさに、片手で目を押さえながら、もう一方の手で必死《ひっし》に泳《およ》いでやっとの思いで岸に這《は》い上がりましたが、こんどはどこにも、脱いでおいたはずの上着がないのです。上着はとっくにどろぼうが、持って行った後《あと》でした。

一方、息子から話を聞いたおかみさんは、それではというのでけんかの種《たね》を色々と考えた末に、思い切り変な格好《かっこう》をして隣近所を歩き回ることにしたのです。

まず片方の耳に、大きくて先のとがったオオギヤシの葉をつけました。これだけでも相当ないでたちです。おかみさんはその上に、片方の眼の回りにだけ、お鍋の底のまっ黒なすすを思い切りよく塗《ぬ》りつけました。それからさらに、赤ん坊でも抱くように、しっかりと胸に犬を抱きかかえて、家から家を訪《たず》ねて歩いたのです。びっくりしたのは近所の人達です。女友達の一人は思わず、

「あんた、どうしたっていうの。そんな格好をして――、気でも狂《くる》ってしまったの」

と言ってしまったのです。おかみさんは待ってましたとばかり、それこそいきり立った様子《ようす》でその友達に怒鳴《どな》り返《かえ》しました。

「何だって、も一度言ってごらん。私しゃ気なんかちっとも狂ってやしないよ。よく

も人を気狂《きちが》い扱いにしておくれだね。さあ、村長さんの所へ行こう。私を侮辱《ぶじょく》した罰《ばつ》に八カハーパナの罰金《ばっきん》を払わせてやるから」

こううまくけんかをふっかけて、その珍妙《ちんみょう》な姿のまま、村長の所へ二人で出かけて行ったのです。けれどもこればかりは、誰が見ても変なのはおかみさんの方です。あきれてしまった隣近所の人達は、わめき立てているおかみさんを縛《しば》って、むちで打《う》ちながら、

「お前さんこそ罰金をお払い」

と口々にののしりました。

平生《へいぜい》からこの夫婦の欲の深さをよく知っていて、こんどのことも一部始終すっかり見聞きしていた森の樹神《じゅしん》は、今こそこの夫婦の心根《こころね》を改めさせるよい機会だと、がっくりしてすわり込んでいる漁師の、すぐそばにある木のまたに立って言いました。

「漁師よ、お前は欲に心を動かされて物惜《ものお》しみをしたばかりに、水の中ではかけがえのない両目を失い、岸辺《きしべ》では上着を盗《と》られ、妻は妻で今、人々にむちで打たれてののの

しられている。これは誰のせいでもない。みなお前達の心から出たことなのですぞ」と事をわけて、「欲」のとりこになってはいけないことを、「欲の報《むく》い」がどんなものであるかということを、じゅんじゅんと説いて聞かせたのです。

それからというもの、この夫婦はすっかり心を入れかえて、まるで生まれ変わったように欲が少なくなり、その時々に満足することを知って、隣近所の人達とも仲良く平和に暮らすようになったということです。

ねこと賢《かしこ》い鶏《にわとり》

昔、ある森の中に鶏《にわとり》が群《むれ》をなして住んでいました。ところがその森のすぐ近くに一匹の雌《めす》ねこがいたのです。このねこはなかなか美しい上に口が上手《じょうず》でした。鶏達は、まんまとねこのたくみな誘いにのって、一羽《わ》また一羽とつぎつぎ食べられていったのです。けれども最後に残った一羽だけは、賢《かしこ》くてだまされませんでした。ねこはこの鶏も何とかして食べようとあれこれ思案《しあん》したあげく、一つの名案を思いついたのです。

（そうだ、「あなたにお仕《つか》えする優《やさ》しい妻になりましょう」とこう持ちかければ、いくら賢い鶏だって、心を許《ゆる》して私のそばに来るだろう。その時をねらって食べればいい）

雌ねこは鶏の住んでいる木の下に行くと、

「にゃーお」

と優しく甘い声を出して、しなやかな身体《からだ》をすらりと伸《の》ばすようにして呼びかけました。

「美しい翼《つばさ》を持って、長く垂《た》れたすばらしい冠《かんむり》をつけておいでの鶏さん、その木の上から降《お》りて来ては下さいませんか。私はあなたの妻になって、優しくお仕え申したいとここにこうして来たのです」

賢い鶏はこれを聞くと、

（何を言うか、あの雌ねこのために私の一族はみんな食い尽《つ》くされてしまったのだ。こんどは私をだまして食べようとしている。よし、一つあいつを追い返《かえ》してやろう）

こう思いましたから、

「美しく魅力《みりょく》あふれる雌ねこよ、あなたは四つ足、私は二足、鳥と獣《けもの》は結婚などしないものです。ほかに夫《おっと》を求めなさい」

と答えたのです。雌ねこは鶏の賢さに驚《おどろ》いて、自分の考えが甘かったことに気がつくと、すぐつぎの手を考えました。何としてでも食べてやろうと思っていたからです。そこでいっそうこまやかに、甘く優しいしなを作って言いました。

「あなたに仕える妻となって、私の若さと美しさ、愛の言葉のありたけを、私はあなたに捧《ささ》げましょう。あなたのためなら私はどんなことでもいたします。私のすべてはあなたさまのもの、お心のままになさいませ」

鶏はそんな雌ねこの見えすいた手にのるほど愚《おろ》かではありませんでした。こんどこそ必ず追い返してしまおうと、きっぱりとした厳《きび》しい声で言い渡したのです。

「この森の私の一族を食い尽くし、その血をすった雌ねこめ、鶏食いのどろぼうねこめ、どうしてお前が清らかな、まことの心でこの私を、夫にしたいと願ってなどいるものか。お前の目的はとうにわかっているのだぞ」

さしもの雌ねこも、ここまで言われてはもうどうすることもできません。ついに追いはらわれて、二度と再び姿を見せることはありませんでした。

五つの難題

昔、ベナレスでヤサパーニ王が国を治《おさ》めていた時のことです。

ダンマッダジャというたいへん徳の高い人が王の司祭官《しさいかん》になっていました。司祭官というのは王の先生であり、王室の大切な祭りを行い、国事万端《ばんたん》の相談にもあずかる重要な役目です。ヤサパーニ王はダンマッダジャを心から尊敬していましたから、何事もその教えに従って、正しく国を治めていたのです。ところがこの王の許《もと》に、カーラカという一人の将軍がいました。カーラカは大切な裁判《さいばん》を任《まか》されたのを良いことに、訴《うった》えがある度《たび》にわいろを取り、持ち主でない者を持ち主だと言い切って、どんどん財産を増やしていたのです。カーラカは悪賢《わるがしこ》くて弁が立ち、有ること無いことおかまいなしに平気で言い立てる人間でしたから、裁判に負けた人々も泣き寝入りをするよりほかに仕方《しかた》がなかったのです。

そんなある日、司祭官のダンマッダジャが王宮の近くまで来ると、裁判に負けたばかりの一人の男が、両腕《うで》を拡《ひろ》げて泣き叫びながら、裁判所から出て来ました。男はダンマッダジャの姿を見ると駆《か》け寄って来て、足許《あしもと》に身を投げ出すなり、

「ダンマッダジャさま、お願いです。お聞き下さい。あなたさまのようなお方が、正しい道を王さまに説いておいでになる一方では、カーラカ将軍のような人が裁判にわいろを取って、持ち主でない者を持ち主にしているのです」

と自分がたった今、不当にも負けるはずのない裁判に負けて来たことを、涙を流して訴《うった》えました。ダンマッダジャは、あまりにもこの男が気の毒《どく》で、それにもまして、王の名において行われる大切な裁判にそんなことがあってはならないと、

「私が改めてその訴えを聞こう。一緒《いっしょ》に来なさい」

と男を連れて裁判所に入りました。大勢の人々が成り行きを見ようと、その後《うし》ろか

ら続きます。ダンマッダジャは、今一度はじめから両者の言い分をよく聞いて裁判をし直し、その上で確《たし》かにこの男が持ち主であると判決《はんけつ》を下しました。久しぶりの正しい裁判に場内は沸《わ》きに沸き、当人はもちろん、集まっていた人々はいっせいに歓声《かんせい》を上げ、手をたたいてダンマッダジャをほめたたえたのです。この声は宮殿にいる王の耳にまで聞こえました。王は驚《おどろ》いて、

「あれは何事かな」

とそばにいた家来《けらい》に尋《たず》ねたのです。

「王さま、あれはダンマッダジャさまが不正な裁判を正しく裁《さば》き直されたのを、人々が心から喜んでいる声でございます」

これを聞いた王は、さっそくダンマッダジャを呼ぶと、

「これからはそなたがすべての訴訟《そしょう》を裁くようにせよ」

と命じたのです。ダンマッダジャがそれを辞退《じたい》すると、

「多くの人々への哀《あわ》れみ、いとおしみからの余《よ》の頼みじゃ。どうか裁判所にすわって

いてもらいたい」

王にこうまで言われたダンマッダジャは、命令通りそれからは裁判所に出て、正しく訴訟を裁いていたのです。

こうなると面白くないのはカーラカです。わいろがぱったり入らなくなった上に、王の信頼まで薄《うす》れて来たのです。恨《うら》んでも恨み切れない堅物《かたぶつ》のダンマッダジャめ、とばかり、自分の悪いことなど少しも考えずに、ダンマッダジャをやっつける謀《はかりごと》をめぐらしはじめました。

(まず、王さまとダンマッダジャの間を裂《さ》いて、王さまの心がすっかりあいつから離《はな》れたところで、奴《やつ》を死に追い込めばいい――)

奸智《かんち》に長《た》けたカーラカは、人々がダンマッダジャに寄せている尊敬と信頼の気持ちを、逆に利用することを考えたのです。そこでカーラカはある日のこと、

「王さま、お気をおつけにならなくてはいけません。ダンマッダジャはこの国を自分のものにしようと考えているようでございます」

と言葉巧《たく》みに切り出しました。

「そのようなことを言うものではない」

王は取り合おうともせず、一言《ひとこと》のもとにはねつけました。けれどもカーラカはそれくらいで引き下がるような男ではありません。

「王さま、私の申し上げますことがうそか本当か、一度ダンマッダジャが王宮に参上いたします時の様子《ようす》を、王さまご自身のお目でとくとご覧下さればおわかりになると存《ぞん》じますが――」

いかにも意味あり気で、自信たっぷりなカーラカの言葉に、王さまはまさかとは思いながらも、窓からダンマッダジャが王宮に来るところを見ていたのです。するとなるほど、ダンマッダジャの回りには沢山《たくさん》の人々が次々に集まって来ます。

(これはやはり、カーラカの言葉が本当かも知れん)

王はうかつにも、その人々が正しい裁判をしてもらおうと、集まって来ているだけだということを忘れて、カーラカの巧みな話しぶりから、ダンマッダジャが王位をねらって、人々をてなずけているためだと思い込んでしまったのです。この時から王の心は、すっかりダンマッダジャから離れてしまいました。そしてことあろうにカーラカに、

「どうしたものであろう」

とダンマッダジャの処分について相談を持ちかけたのです。カーラカは内心ぞくぞくするほど痛快《つうかい》で満足でした。けれども表面はあくまでも落ち着いた慎重《しんちょう》そうな口ぶりで、

「やはり、殺《ころ》すべきでございましょうな」

と言ったのです。とはいえ、大罪を犯《おか》してもいない者を死刑にすることはできません。王がこれを言うと悪賢いカーラカは、

「王さま、そんなことは何でもございません。ダンマッダジャにとうていできそうもないことをお命じになればよいのです。それができなければ、王の命令に背《そむ》いた罪《つみ》で死刑にすることができますから」

けれども王には何をどう言えば良いのかすらわかりません。

「どんなことを命じれば良いのかな」

カーラカはここぞと口を開きました。

「王さま、では明日までに大庭園を造《つく》れとお命じになってはいかがでしょうか。庭園を造りますには、たとえよく肥《こ》えた土地に種をまいたとしても、それが成長して実がなるまでには最低二、三年はかかるものでございます。まして王さまの庭園ともなれば、これは大事業でございますから」

話は決まって、王はさっそくダンマッダジャを呼ばせたのです。

「ダンマッダジャよ、余は明日、みなの者と庭園で楽しく遊びたいと思うのじゃ。ついてはこれまでの庭園はあまりにも長年なれすぎていて面白くない。余のためにぜひ、明日までに新しい大庭園を造っておくように。もしそれができない時には、そちの命は無いものと思うがよい」

ダンマッダジャはこれを聞くと、わいろが取れなくなったカーラカの奸策《かんさく》だなと、すぐに気がつきました。

「できますかどうか、とにかく努力いたしてみましょう、王さま」

こう答えて家に帰ると、ダンマッダジャは食事をすませ、寝台によこたわって、この難題をどうしたものかとじっと考えにふけっていました。

するとこの時天上では、神々の王サッカ（帝釈《たいしゃく》）のご殿《てん》が次第《しだい》に熱くなりはじめたのです。

（これは何かが起こっているな――）

サッカは徳の高いダンマッダジャが、王の無理無体《むたい》な命令に困り抜いているのを知ると、すぐさまダンマッダジャの寝室に姿を現して、

「賢者《けんじゃ》よ、何をそんなに考えておいでなのかな」

と声をかけたのです。ダンマッダジャは驚いて思わず起き上がると、

「あなたはどなたさまでしょうか」

と尋ねました。

「私はサッカじゃ」
安心したダンマッダジャは王に命じられたことを話して、それを考えていたのです
と答えました。するとサッカは、
「賢者よ、もうそのように心配することはない。私の住んでいる忉利天《とうりてん》にあるナンダ
ナ園やチッタラター園のようなすばらしい大庭園を、徳の高いあなたのために造って
あげよう。どこに造れば良いのかな」
とダンマッダジャに場所を聞くと、そこに見事《みごと》な大庭園を造って、天へ帰って行き
ました。
明《あ》くる朝、ダンマッダジャは自分の目で、まさに天上の神の庭園としか言いようの
ないすばらしい大庭園を、しっかりと見てから王宮へ出かけて行ったのです。
「王さま、大庭園は仰《おお》せの通りでき上がっております。どうぞお心のままにお楽しみ
下さい」
半信半疑のままダンマッダジャに案内されて、新しい庭園に行った王は、あまりの

立派な造りにただただ目を見張《みは》るばかりでした。赤黄色の美しい垣《かき》、望楼《ぼうろう》のついた見上げるばかりに高い門、その中に一歩入ると、そこには花々が咲き乱れ、さまざまな果物《くだもの》が枝もたわわに実っていて、その間を美しい鳥達がさえずりながら飛んでいたのです。王はカーラカに、

「ダンマッダジャは大庭園を本当に造りおったぞ。この次は何を命じればよいかの」

と相談しました。思いもよらないこの結果に、カーラカは腹が立ってなりません。

「一晩でそれだけのものを造った人間です。王国を取ることなど訳《わけ》もないことでございましょうな」

カーラカのこの言葉は、王の心をいやが上にも焦立《いらだ》たせ、二人はそれぞれダンマッダジャへの憎《にく》しみと怒《いか》りに燃えながら、次の手はずを決めにかかったのです。カーラカはこんどこそ絶対にできはしまいと、七宝《しっぽう》のはす池を造らせることを提案したのです。王はダンマッダジャを呼んで命じました。

「あの大庭園にふさわしい七宝のはす池を造るのだ。もしできなければそちの命は無

くなるぞ」

ダンマッダジャが王の前から退出して来ると、こんどもサッカが一晩のうちに、忉利天のナンダナ園にあるような、まばゆいばかりに美しいはす池を造っておいてくれたのです。七宝の輝《かがや》く池には、百の水浴場、千の入《い》り江《え》があって、五色のはすが大きな花を咲かせていました。

こうして二つ目の難題でも、ダンマッダジャの命を取ることはできませんでした。そこでカーラカは、大庭園にもはす池にもふさわしい、総象牙造《そうぞうげづく》りの館《やかた》を建てさせてはと言ったのです。王に異存《いぞん》はありません。またダンマッダジャを呼び出した王は、その通りを申しつけました。もちろん、できなければ命は無いという条件で、です。この時もサッカがやはり一晩で造ってくれました。

三つ目の難題もなんなく突破《とっぱ》されてしまった王とカーラカはまた相談をして、次には象牙の館にふさわしい、闇《やみ》をも照らす摩尼珠《まにしゅ》を造れと命じることにしたのです。これもカーラカの考えでした。王はダンマッダジャにそれを命じたあと、

「その摩尼珠の光で、余は夜大庭園を歩くのじゃ。もしそのような摩尼珠が造れない時にはそちの命は無いぞ」

と言ったのです。サッカはこれを知るとすぐ、ダンマッダジャのために注文通りの摩尼珠を造ってくれました。明くる日これを見た王は、またカーラカと相談です。何しろ絶対にできるはずのない難題が、四つまでも神業《かみわざ》としか思えない力で達成されているのです。カーラカはいまいましそうに口をひん曲《ま》げていましたが、

「王さま、これはきっとダンマッダジャの望みを何でもかなえてくれる、天の神がいるに違いありません。こうなれば、天の神でも決して造ることのできない、『ねたむことなく、飲酒せず、悲しみのもととなる情愛を捨て、怒り憎むことがない』この四つの徳をすべて備《そな》えた人間を新庭園の園丁《えんてい》として連れて来るようにお命じ下さい」

こう勢《いきお》い込んで言ったのです。王はまたこれをダンマッダジャに命じて、できなければ命を取るぞと宣告したのです。

こんどばかりはダンマッダジャも覚悟をしなければなりませんでした。広大な庭園、

七宝のはす池、象牙の館、闇をも照らす摩尼珠、すべてを一晩で造ることのできたサッカといえども、この四つの徳を備えた人間だけは造れないことを、よく知っていたからです。ダンマッダジャは、人手にかかって殺されるよりは独《ひと》りで死のうと、朝早く誰にも告げずに家を出て森に入ると、静かに一本の木の下にすわりました。こうしてそのまま死ぬ心算《つもり》だったのです。そこへサッカが現れました。サッカは王の理髪人チャッタパーニこそ、その四つの徳をすべて備えた人であることを教え、園丁が必要ならば、この人を推薦《すいせん》すればよいのだから、心配をしないようにとなぐさめて、天へ帰って行ったのです。ダンマッダジャはさっそくチャッタパーニに会って、神々の王サッカから教えられて来たことを話しました。するとチャッタパーニもまた、今までのいきさつを詳《くわ》しく尋ねたあとで、

「確《たし》かに私はその四つの徳を備えております」

とはっきり言ってくれたのです。こうしてついに五つ目の難題もまた、サッカのおかげで無事切り抜けることのできたダンマッダジャは、晴《は》れ晴《ば》れとした表情でチャッ

タパーニと一緒に王の前へ出て行ったのです。王は自分の理髪人がそのように立派な人間であったことに驚きながらも、どのようなことから、その四つの徳を身に備えるようになったかを尋ねました。チャッタパーニは、自分の前の世での話を、王であった時のこと、すぐれた仙人の師匠《ししょう》であった時のことなどを一つ、一つ、四つの徳に従って話していったのです。

「ねたむことなく――私がかつて前の世で、ベナレスの王であった時、後宮には一万六千人の美女がいました。けれどもきさきのたっての願いで私はその誰をも近づけず、きさき一人に愛の限りを注いでいたのです。ところが私が国境鎮圧《ちんあつ》のために出かけると、これもきさきの希望で、行く先々から一人ずつ、手紙を届けさせた合計六十四人の使者はみな、その都度《つど》きさきに誘惑《ゆうわく》されて、留守を預《あず》けた道徳堅固《けんご》な司祭官だけが、きさきの思い通りにならなかったのです。そこで司祭官は逆に罪を着せられ、帰国した私はきさきの言葉を信じてすぐに司祭官を捕《と》らえさせました。けれども事実が露見《ろけん》したので私はきさきと六十四人の家来《けらい》達を罰《ばっ》することにしたのです。この時司祭官は女性というものの一つの姿を、また物事のありようというものを説いて罰することを止《や》めさせ、私に愛欲によって起こるしっとをなくそうという決心をさせてくれました。それ以来、私からねたむ心が消えてしまったのです。

飲酒せず——これもまたかつてある前の世で、私がやはりベナレスの王位に即《つ》いていた時でした。酒なしでは一日も過《す》ごすことのできなかった私は、また肉のない食事もできませんでした。たまたま殺生《せっしょう》の禁じられていた布薩《ふさつ》日に、酔《よ》いしれていた私は肉料理が出て来ないというので激怒《げきど》して、いきなりひざの上にいた私の最愛の我が子、王子を殺してその肉を料理させ、それを食べてしまったのです。酔いから醒《さ》めたあとの私の悲嘆《ひたん》と後悔は言いようもなく、その時以来ぷっつりと、二度と再び私は酒を飲《の》まなくなったのです。

悲しみのもととなる情愛を捨て——これもまた、かつて私がベナレスのある王であった時のことです。ある日、わがままで心のおごっていた息子《むすこ》の王子は、美しく着《き》飾《かざ》って象に乗り王宮から出かけて行きましたが、人々が同じ道を行く辟支仏《びゃくしぶつ》（師なくして迷いを絶ち、理法を悟った聖者）ばかりを礼拝し称《たた》えるのにひどく腹を立て、象から下りて辟支仏の手から鉢をもぎ取って投げ捨てると、中の食べ物と一緒にその鉢を粉々《こなごな》に踏み砕《くだ》いてしまったのです。その直後、王子は身体中《からだじゅう》から炎を吹き上げて死に、一番恐《おそ》ろしい阿鼻《あび》地獄に落ちて行ったのです。これを知った私の嘆《なげ》き悲しみは非常なもので、抑《おさ》えようもありません。しかしこれも息子へのいとおしさから来ていることを悟《さと》った時、これからはどんなものにも情愛を抱《いだ》くまいと固《かた》く決意をしたのです。その時以来、私は悲しみのもととなる情愛というものを捨てたのです。

怒り憎むことがない――かつて前の世で、アラカという仙人の師であった時、私は慈悲《じひ》の心を七年の間修《おさ》め、弟子達にもそれを修行することの功徳《くどく》を説いて聞かせました。また、私は数えようもない長い間、梵天《ぼんてん》の世界にいて、人間界に帰っては来ませんでした。そのため私には怒り憎むことがないのです」

このようにチャッタパーニがそのいわれをすべて話し終えた時、王の心に立ちこめていた黒い霧は、跡《あと》かたもなく消え去っていました。

ヤサパーニ王は目が覚《さ》めたように、家来達にカーラカを捕《と》らえよという合図《あいず》をしたのです。そこに居た人はみな、カーラカの悪巧《わるだく》みに業《ごう》を煮《に》やし切っていましたから、それっとばかりに立ち上がると、

「ワイロを食った悪者め」

「よくもダンマッダジャさまを殺そうとしたな」

口々に大声でののしりながら、あっという間にカーラカの手足をつかんで王宮から引きずり出すと、みんなで殺してしまいました。

それからというもの、王は二度と再び悪人にまどわされることはありませんでした。改めてダンマッダジャやチャッタパーニを大切にして、正しく国を治めていったということです。

まいた種

昔、ベナレスでブラフマダッタ王が国を治《おさ》めていた時のことです。

タッカシラーの都に、パーラーサリヤという名高い先生が住んでいました。ここにはインド中の武士やバラモンの家の息子《むすこ》達が競って教えを受けに集まって来ていたのです。

その中には、ブラフマダッタ王の王子もおりました。ところがこの王子は生まれつき、手がつけられないほど気が荒く、乱暴で残忍《ざんにん》無慈悲な青年だったのです。パーラーサリヤは一目《ひとめ》見るなり、人相術でこの性質を見抜いてしまいました。そこで事あるごとに、

「君は気持ちが荒々しく、たいへん乱暴で残忍無慈悲だが、そのままでは今に不幸になりますぞ。今は王子として幸せな毎日を送っているが、人間はどんな人でも、自分のまいた種《たね》は、やがてその手で刈り取らなければならないのです。無慈悲な心を持った者は、たとえどんなに大きな権威《けんい》を得ても、それを長く保っていくことはできません。権威がなくなったその時には、大海のまっただ中で難破《なんぱ》した船にいるのと同じように、誰の助けも得られないまま、身を亡《ほろ》ぼさなければならないのです。ここのところをよく考えて、一日も早く心を改めなさい。間違っても悪い行いによって、後《のち》に自分自身を苦しめるようなことをしてはなりません」

と諭《さと》し戒《いまし》めていたのです。けれども王子の悪い性質はなかなか直りませんでした。

やがて学芸を習い終えた王子は、ベナレスに帰って副王となり、父王が亡くなると王の位に即《つ》きました。ところがこの新しい王には同じような性質のピンギヤという司《し》祭官《さいかん》がついていたのです。ピンギヤは残忍無情な上に、さらに名誉欲のかたまりでした。限りない野望《やぼう》に燃えていたピンギヤは、

（王さまがインド中の王達を征服して、全インドの大王として君臨《くんりん》されたなら、私もまたこの広いインドでただ一人の司祭官となって、この上ない名誉を得ることができるのだ）

とこう考えたのです。この考えはピンギヤをすっかり興奮《こうふん》させました。そこでさっそく新王に、全インドの輝《かがや》かしい大王になられることを勧《すす》めたのです。似た者同士の王とピンギヤの間で、話はとんとん拍子《びょうし》に進みました。みるみるうちに戦略《せんりゃく》が練《ね》られ、やがて野望の車は両輪の響きも荒々しく全インドに向かって走り出すことになったのです。

王はピンギヤとともに、大軍を率《ひき》いてベナレスの城門を打って出ると、次々に都を包囲してその国の王をとりこにし、またたくうちに千人の王を生け捕《いど》りにして、インドの主導権を手に入れてしまいました。次にはその千人の王達とその軍隊を引き連れて、遠いタッカシラーの都を乗っ取るために軍を進めたのです。

これを知ったタッカシラーのパーラーサリヤは、王の性質を王以上に知り抜いていましたから、大急ぎで総力を挙げて町を取り巻く城壁をしっかりと修理させ、敵の来《らい》襲《しゅう》に十分耐えられるようにして待《ま》ち構《かま》えていたのです。

一方、王はガンジス河のほとりにある大きなバンヤンジュの木陰《こかげ》に、大王の居場所にふさわしい堂々とした幕を張《は》らせ、上に立派な絹がさを懸けさせて、その真下に寝台をおかせました。こうして陣もでき、いざ戦いとなったのですが、このタッカシラーばかりは今までのどの都ともまるで違って、どんなに攻《せ》めたててもびくともしません。幾《いく》日経《た》っても取ることができなかったのです。

当時、司祭官は国王の先生であり、相談対手《あいて》であり、戦争の時には勝利を祈る祭りの司祭としての役目も持っていました。そこでたまりかねた王は、司祭官のピンギヤに、「千人の王とともに、これだけの兵力をもってしても、タッカシラーはいまだに落ちない。これを、どのようにすればよいかの――」

と相談をしたのです。すると悪鬼のように残虐《ざんぎゃく》なピンギヤは、こともなげにこう言ってのけたのでした。

「王さま、とりこにした千人の王の目玉をえぐり取り、腹を割《さ》いて血と肉を取り、それらを捧《ささ》げてこのバンヤンジュの上に生まれ出た神のために祭りをすれば、必ずすぐにも勝つことができましょう」

王はさっそく幕の中に大力の男を立たせ、とりこにした千人の王を一人ずつ呼び入れては、入って来たところをこの男になぐらせました。どの王も一撃《いちげき》で気を失って倒れましたが、その王達をピンギヤの言葉通りにして、盛大な祭りを行ったのです。こうして王はこんどこそ勝てるぞと、祭りの太鼓《たいこ》を打たせ、意気揚々と戦いに出て行きました。

するとその時です。物見台《ものみだい》からふいに、一匹のヤシャが飛鳥《ひちょう》のように飛び下りて来たかと思うと、あっという間に王の右の目玉をえぐり取って、どこかへ行ってしまいました。あまりの痛さに、王は気も狂わんばかりになってやっとの思いで引き返すと、右目を押さえたまま寝台の上に仰向《あおむ》けに倒れたのです。ちょうどこの時、一羽のわしが、バンヤンジュの高い枝にとまって骨つきの肉を食べていましたが、食べ終わってその骨をぽとんと下に落としたのです。ところが骨は先が鋭くとがっていて、高い枝から落ちて来ると、豪華《ごうか》な絹がさをつき破り、真下に寝ていた王の左の目に、まるで鉄で作ったくしのようにつきささったのです。思いもかけず続けざまに起こった言いようもない苦しみの中で、王ははじめて、まだほんの若い王子であったころ、パーラーサリヤ先生が事ある毎《ごと》に噛《か》んで含めるように教えて下さった、戒めの言葉を思い出していたのです。

「『自分のまいた種は、やがてその手で刈り取らなければならない。悪い行いによって、後《のち》に自分自身を苦しめるようなことをしてはならない』と先生はいつも諭《さと》された。今こそ、余《よ》は千人の王達を無残《むざん》にもいけにえにしたこの同じ木の下で、自分の身にそれを受けているのだ」

王はかすかにこうつぶやくと、愛する美しいおきさきを見ることもできず、このまま死んでいくことを嘆《なげ》き悲しみながら、息を引き取るとすぐ、こんどは地獄《じごく》に生まれて行きました。

ピンギヤは王を助けることも、自分の野望を果《は》たすこともできないで、結局すべてを失ってしまったのでした。

足跡《あしあと》を知る「じゅもん」

(一) ヤシャ女の贈《おく》りもの

昔、ベナレスでブラフマダッタ王が国を治《おさ》めていた時のことです。ある時おきさきの不行跡《ふぎょうせき》を知った王さまがそれを厳《きび》しく責《せ》めました。するとおきさきは、

「どうして私がそのようなことをいたしましょう。たとえ一度たりとも王さまを裏切るようなことをいたしましたら、私は必ずその罰《ばつ》として、馬の顔をしたみにくいヤシャ女になることでございましょう。私は断じて潔白《けっぱく》でございます」

と言い張ってその場を切り抜《ぬ》けたのです。けれどもおきさきはやがて死ぬと、自分の言葉通り、馬の顔をしたみにくいヤシャ女になって、ある山のふもとの森に生まれ

て来ました。ヤシャ女は三年の間、ヤシャの王である多聞天《たもんてん》に仕《つか》えて、自分の住まいを中心に縦《たて》三十由旬《ゆじゅん》（約五七六キロメートル）、横五由旬（約九六キロメートル）の中にいる人間を食べる許《ゆる》しを得たのです。こうして生まれた森に帰って来たヤシャ女は、岩屋《いわや》に住んで、森を東西に走っている道を通る人間を、つかまえては食べていました。

そんなある日のことです。見るからに裕福《ゆうふく》そうで気品のある一人のバラモンが、大勢の従者《じゅうしゃ》を従《したが》えてその道にさしかかりました。これを見つけたヤシャ女は、大きな口をがっといっぱいに開いたかと思うと、血走った赤い目をぎらぎら光らせ、ぶきみな声で高笑いしながら、疾風《はやて》のようにバラモン目がけて飛びかかったのです。その恐《おそ》ろしさに従者達は主人を放《ほう》り出したまま、一人残らず逃《に》げ出して行ってしまいました。

ヤシャ女は驚《おどろ》いて身動き一つできずにいるバラモンを、

（こいつはゆっくり食べることにしよう）

と背中へぽん、とかつぎ上げ、自分の岩屋へ向かって歩き出したのです。ところが歩いて行くうちに、バラモンの身体《からだ》のぬくもりを感じはじめたヤシャ女は、いつの間にか自分が人を食べるヤシャであることを忘《わす》れて、まるで人間の女の人のように、このバラモンをいとおしく思うようになっていたのです。そこで岩屋に着《つ》いたヤシャ女は、そっと優《やさ》しくバラモンを下におろすと、食べるどころかそれこそ大切に、自分の夫として仕《つか》え出したのです。森で人間をつかまえた時には、必ず着る物や食べ物など、夫に必要《ひつよう》な物を持って帰るという風で、その心遣《こころづか》いのこまやかさ、圧倒《あっとう》されんばかりの愛情に、はじめは生きた心地《ここち》もなくその日その日を過《す》ごしていたバラモンも、次第《しだい》に情《じょう》にほだされて、いつの間にか恐ろしい顔形《かおかたち》にもなれて、仲良く暮らすようになっていたのです。ただ、そうなってもヤシャ女は、自分が外へ出かける時には、必ず大きな石で岩屋の口をふさいで、バラモンが逃げないようにしておきました。そうこうしているうちに、やがて一人の男の子が生まれたのです。

子供は父親の血を受けて人間でした。それもひどく利口《りこう》な子供だったのです。ヤシャ女のこの子供と夫に対《たい》する愛情の激《はげ》しさ深《ふか》さはたとえようもなく、いつ、どこで、何をしている時にも、胸の中は二人のことでいっぱいでした。人間を殺《ころ》してその肉を食べている最中《さいちゅう》でさえ、この二人のことだけはまるで別《べつ》だったのです。ヤシャ女は自分の力だけで二人に不自由のない生活をさせていました。それだけに文字通《もじどお》り〝自分のすべて〟であるこの二人に逃げられることが、何よりの心配《しんぱい》でした。ですからヤシャ女は出かける度《たび》に、前にもまして大きな石を、岩屋の口にすえておいたのです。

ところがそんな中でも子供はぐんぐん成長して、大きくたくましく力の強い少年になりました。そんなある日のことです。母親がいつものように出かけて行くと、少年はその大きな石を動かして、暗《くら》い穴の中から父親を外へ連れ出しました。二人は一瞬《いっしゅん》、太陽の明るい光に目を開けることができませんでした。それにしても何という気持ちの良さでしょう。おいしい空気、美しい木漏《こも》れ日、二人は心行《こころゆ》くまで外の空気を吸い、昼の光の中でのびのびと一日を過《す》ごしてから、岩屋に入ってすわっていました。

夕方、外から帰って来たヤシャ女は、入口の石が大きくずれているのに目をとめると、血相《けっそう》を変えて岩屋の中へ飛び込みました。けれども二人がいつものようにそこにすわっているのを見るとほっとして、それでもやはり聞いたのです。

「誰《だれ》がこの石を動かしたのですか」

少年は悪びれずに言いました。

「お母さん、それはぼくです。ぼくが動かしたのです。だってこんな暗い穴の中ばかりにいるなんて、お父さんにもぼくにも、とてもつらいことなのですから」

可愛《かわい》い息子《むすこ》にこう言われると、ヤシャ女はそれ以上何も言うことができませんでした。

ところで、この利口な少年は、以前《いぜん》から両親《りょうしん》の口の形がまるで違《ちが》うのを、いつもふしぎに思っていたのです。そこである日、母親が出て留守の時、父親にその訳《わけ》を尋《たず》ねました。バラモンは、

「お前と私は人間だが、お母さんは人間を食べるヤシャなのだ。それで口の形が違うのだよ」

と答えたのです。これを聞いた少年は、きっとして父親を見つめると、

「それじゃお父さん、一日も早くぼくと一緒《いっしょ》にここを出て、人間の住む所へ行きましょ

う。だけどどうしてお父さんは、今まで一度も逃げようとなさらなかったのですか」

となじるように聞くのでした。父親は、

「そんなことでもしてごらん。すぐお母さんにつかまって、二人とも殺されてしまうだろうよ」

と気弱《きよわ》く返事をするばかりです。少年は、

（こんなことではいけない。お父さんをもう一度、人間の住む所へ連れて行って上げなければ。これはぼくが何としてでもしなければいけないことだ――）

とこの時固《かた》く決心をしたのです。

明《あ》くる日《ひ》、少年は母親が出かけてしまうと、恐《こわ》がる父親を励《はげ》まして、一緒に暗い穴から逃げ出しました。二人は一生懸命《いっしょうけんめい》に走り続けて、ずいぶん遠くまで逃げのびたつもりでした。ところがヤシャ女は二人が逃げたことを知ると、大風のような勢《いきお》いで追い駆《か》けて来て、訳なく二人の目の前に立ちはだかったのです。さすがにこんどは恐ろしい形相《ぎょうそう》をしてバラモンに詰《つ》め寄《よ》ると、恨《うら》みをこめて言いました。

「あなたはどうして私から逃げようとしたのです。いったい何が不足《ふそく》でこんなことをするのですか」

夫のバラモンはおろおろして、小さな声で言いました。

「そんなに私を怒らないでおくれ。この子が私を連れて出たのだから」

少年はそんな両親の様子《ようす》をじっとそばで見ていました。ヤシャ女は次に息子を見ると、こんどは怒るどころか夢中《むちゅう》になって抱《だ》きしめながら、精《せい》いっぱいきげんを取って、二人を自分の岩屋へ連れて帰ったのです。

こうしてまたもとの生活がはじまりました。けれども少年は、何とかしてここから無事《ぶじ》に逃げ出す方法はないものかと、毎日そればかり考えていたのです。そのうち、母親が自由に活動できるのは、一定《いってい》の限《かぎ》られた地域《ちいき》だけだということに気がつきました。そこで少年はある日のこと、母親のそばに並んですわりながら、

「お母さん、お母さんのものは、いつか子供のぼくがみんな譲《ゆず》り受けるのですね。お母さんの力が及《およ》ぶ場所というのはどこからどこまでなのでしょう」

と尋ねたのです。ヤシャ女は息子のこんな言葉にすっかり嬉《うれ》しくなって、自分の力が及ぶ範囲《はんい》をすみからすみまで詳《くわ》しく説明《せつめい》して、境界《きょうかい》の目印《めじるし》になる山や河岸《かわぎし》まで一つ一つ教えたのです。少年はそんな母親の姿に言いようもないほど胸が痛《いた》みました。けれどもどうしても父親をここから助け出さなければなりません。そして自分もまた、人間の世界に行かなくてはいけないのです。少年は自分の心を強くして、しっかりと〝境界線〟の位置《いち》を覚えておきました。

それから二、三日経《た》って、母親が森へ出て行くと、少年は素早《すばや》く父親を背負《せお》って岩屋から飛び出すなり、森とは反対側《はんたいがわ》にある母親の〝境界線〟、河岸に向かってものすごい速《はや》さで走り出しました。河岸に着《つ》いた少年は、父親を背負ったまま勢いよくざぶざぶと水の中へ入《はい》って行ったのです。

一方、二人がいなくなったことに気づいたヤシャ女は、気が狂《くる》ったようになって二人の後《あと》を追《お》いました。けれどもその時息子達はもう、自分の力の及ばない河《かわ》のまん中まで行ってしまっていたのです。ヤシャ女は河岸に立って声を限《かぎ》りに叫《さけ》びました。

「息子よ、お前はそこで何をしているのです。早くお父さんを連れてここへ帰っていらっしゃい。何だって二人して逃げ出したりなどするのですか。私が何をしたというのです。何が不足だというのですか。さあ、すぐに引き返《かえ》していらっしゃい」

けれども息子は一言《ひとこと》も返事をしようとしませんでした。そこでこんどは夫に向かって叫んだのです。

「あなた、お願いです。もう一度私の所に帰って下さい」

これを聞いたバラモンは、あわてて息子の背中からすべりおりると、ふるえる足を踏《ふ》みしめ踏みしめ、死にもの狂いで向こう岸へ逃げて行きました。

息子は河の中に立ったままで、母親にきっぱりと言い切ったのです。

「お母さん、どうか私達のことはあきらめて下さい。お母さんはヤシャで私達は人間です。一緒に暮らせという方が無理なのです。私達はもう二度と岩屋へ帰りはいたしません」

ヤシャ女の胸はみるみるつぶれんばかりになって、身体中の血が引いていくようで

した。けれどもそんな悲しみのどん底《ぞこ》にいながらも、息子のきぜんとした態度《たいど》を見て、その決心のほどを知ると、

「もし、どうしてもお前が帰って来ないと言うのなら、人間の世界でちゃんと暮《く》らして行けるように、お母さんが力を授《さず》けて上げましょう。人間の世界では何か一つ、しっかりとした特技《とくぎ》を身につけていなければ生きて行くことができません。〝如意《にょい》宝《ほう》〟という『じゅもん』を、あなたに授けて上げます。これは過去《かこ》十二年間に、人が立ち去って行った足跡《あしあと》を知ることができるという、非常《ひじょう》な威力《いりょく》を持つものです。これさえ知っていれば、あなたは立派に人間の中で暮らしていくことができます。私の可《か》愛《わい》い、何物にも代えることのできない大切な息子よ、この尊い『じゅもん』を、しっかりと私から受け取って行きなさい」

ヤシャ女はもうこれが見おさめかと思うと、悲しさで倒《たお》れそうになりながらも、我が子の幸せを願う一念から、あらん限りの力をふりしぼって、〝如意宝〟という「じゅもん」を息子に授けたのです。息子は河の中に直立《ちょくりつ》したまま慎《つつし》んで母親に敬礼《けいれい》

し、合掌《がっしょう》して慈愛《じあい》の贈《おく》りものである尊い「じゅもん」を受けました。受け終わった息子は改めて深々《ふかぶか》とお辞儀《じぎ》をして、心をこめて別れの言葉を贈ったのです。

「ではさようなら、お母さん。お別れします」

最愛《さいあい》の息子の最後《さいご》の声を、満身《まんしん》で吸い取るように聞いていたヤシャ女の心臓《しんぞう》は、子供の言葉の最後の響《ひび》きが消えた瞬間《しゅんかん》、悲しみのあまり、そのまま破《やぶ》れてしまいました。崩《くず》おれるように倒れた母親が、死んでいるのを知った息子は、向こう岸にいる父親を呼んで、急いで母親の所へ行きました。二人は黙《だま》って薪《たきぎ》を集め、ヤシャ女の遺体《いたい》をていねいに火葬《かそう》にしたのです。美しい色とりどりの花を摘《つ》んで来て供《そな》え、父と息子はその前で互《たが》いに抱き合ったまま、長い間泣いていました。

(二)「じゅもん」の力と八つの物語

やがて二人はベナレスに向かって旅立《たびだ》ちました。息子は町に入ると王宮へ行って、

「足跡を知ることのできる少年が来たと、王さまにお伝え下さい」

と取り次ぎを頼んだのです。王さまは珍《めずら》しい少年がいるものだと、さっそく広間《ひろま》に通させ、その特技がどういう時、何の役に立つものか話すようにと命《めい》じました。そこで少年は、

「王さま、十二年前までに盗《ぬす》まれた品物でございましたら、それを盗《と》った者の足跡が私にははっきりとわかりますので、それを追って品物を取り返して来ることができます」

と答えたのです。そのころは盗賊《とうぞく》の被害がひどくて、誰《だれ》もが困《こま》り切っていた時でしたから、王さまは大喜《おおよろこ》びでそくざに、

「よし、気に入ったぞ。今日《きょう》から直《ただ》ちにそちは余《よ》の家来《けらい》じゃ」

と少年の望《のぞ》み通り、日に千金ずつの給与《きゅうよ》を出して召《め》し抱《かか》えることにしました。

こうして父子はその日から、ベナレスの町で豊《ゆた》かな暮らしをすることができるようになったのです。けれども、一日千金ずつの給与というのは何といってもたいへんな額《がく》です。この国の司祭官《しさいかん》は、少年の言葉が確《たし》かなものかどうか、本当にそれだけの特

技を持っているのかいないのか、一度試《ため》してみる必要があると考えました。そこでこれを王さまに申し上げたのです。言われて見ればもっともなことですから、王さまはさっそく司祭官と二人で、少年を試してみることにしました。二人はまず、大切な宝《たから》物《もの》を持って王宮から降りると、王宮の回りを三回まわって、城壁《じょうへき》の所まで行き、はしごをかけてそれを乗り越えました。次には裁判所《さいばんしょ》に入って、一度座席にすわってからすぐまた立ち上がって裁判所を出ると、ふたたびはしごを使って城壁を乗り越えて町へ入り、池の岸まで歩いて行って、池のぐるりを三回まわってから、水の中へ入って宝物を隠《かく》したのです。二人はこうしておいて王宮に帰って来ました。

さて、その翌日《よくじつ》になるとベナレスの町は上を下への大騒《おおさわ》ぎです。何しろ王宮から大切な宝物が盗まれたというので、町中はこのうわさで持ち切りでした。人々は不安そうな落ち着きのない表情で、寄るとさわるとどんな盗賊がどこから入って来たのだろうかと、ひそひそ恐ろしそうに話し合っていたのです。

王さまはさっそく少年を呼び出して命じました。

「昨夜、王宮から大切な宝物が盗まれた。直ちにこれを探《さが》してまいれ」

少年はそれを聞くと、

「王さま、ご安心下さいませ。私は十二年前に盗まれた品物でも、盗賊の足跡を追って探して来ることができます。ましてゆうべ盗られたばかりの品物など雑作《ぞうさ》もないことです。しばらくお待ち下さい」

こう言って王さまの前から退《さ》がりました。少年は一人になると、まず亡《な》くなった母親にうやうやしく頭を下げてから、心を澄《す》まして〝如意宝〟の『じゅもん』をとなえたのです。すると少年の目にはっきりと、二人の盗賊の足跡が見えて来ました。少年は王さまを連れて来ると、

「王さま、盗賊は二人です。その足跡がそこに見えております」

と言うなり、昨夜王さまと司祭官が歩いた通りの道を少しも間違わず、三回まわった所ではちゃんと三回まわってどんどん進んで行きました。やがて城壁の所まで来ると、

「王さま、ここでは足跡が城壁から離《はな》れて空中に見えております。はしごをお貸《か》し下

さい」

と言ってはしごをかけさせ、城壁を乗り越えて外側へ出ました。少年は裁判所へも行き、座席にすわってすぐまた立ち上がってそこを出ると、城壁をはしごでのぼり、またはしごを使って町の中へ下りると池に行って、その回りを三回まわってから、水の中へ入りました。こうしてなんなく宝物を取り出して来たのです。少年はそれを王さまに渡して言いました。

「王さま、この二人の盗賊は有名な盗賊達でございます。その道を通って王宮へのぼって行きました」

少年にはそれが王さまと司祭官であることがはっきりとわかっていたのです。宝物が無事《ぶじ》に返ったというので、ベナレス中の人々はみんなほっとして、明るい顔で指をぱちぱち鳴らしながら、少年のすばらしい力を誉《ほ》めました。ところが王さまは、(少年はたしかに盗賊の足跡を知って、隠《かく》しておいた宝物を見事《みごと》に取り返して来た。しかし、その盗賊を捕《と》らえることはよもやできまい)

と考えたので少年に、

「そなたはたしかに盗賊の足跡をよく知って、大切な宝物を直ちに取りもどして来てくれた。だが、その盗賊達をつかまえて、余の前に連れて来ることはできぬであろうな」

と言ったのです。少年は、

「王さま、その盗賊はこの王宮の中におります。それも遠くにいるのではございません」

と答えました。すると王さまは、

「それは誰と誰だ」

と聞くのでした。少年は知っているだけに答えることができず、

「王さま、それはもう誰でもよいではございませんか。大切な宝物はお手許《てもと》にちゃんと返って来たのですから」

と、やんわり話をそらそうとしたのです。けれども王さまはどうしても承知《しょうち》しません。終《しま》いには意地《いじ》になって、

「余はそなたに日に千金を与えているのだ。宝物が返って来たというだけで事は済《す》まぬぞ。何としてでもその盗賊をつかまえて余に引き渡《わた》せ。宝物よりも盗賊を捕らえることの方がいっそう重要なのだ」

と一歩も退《ひ》こうとはしないのです。そこで少年はいたし方なく、

「王さま、それでは『この人が盗賊です』とはっきり申し上げることをさけて、昔あった物語をいたしましょう。どうかそれによってこの度《たび》の盗賊が誰であり、なぜ私がそれをはっきりとは申し上げず、また何を言おうとしているかを、しっかりとお汲《く》み取り下さい」

こう前置《まえお》きをして、一つの物語をはじめました。

「王さま、お聞き下さい。昔、このベナレスに近い河岸のある村に、パーラタという舞踊家《ぶようか》が住んでいました。パーラタはベナレスでお祭《まつ》りがあるのを知ると、妻と一緒に町へ来て、お祭りの間中《あいだじゅう》、踊《おど》ったり歌ったりして沢山《たくさん》お金をもうけました。二人はそれで飲《の》み物や食べ物などを買い入れて、村へ帰って行ったのです。ところがその途《と》

中《ちゅう》にきれいな河がありました。パーラタはそれを見ると岸にすわって、天然《てんねん》の音楽としか言いようのない微妙《びみょう》な流れの音に耳を傾《かたむ》け、さまざまに姿を変えていく水の踊りに見入りながら、好きなお酒を飲んで、この数日の激《はげ》しい疲れをいやしていたのです。そのうちに酔《よ》いが快《こころよ》くまわって来て、すっかり気の大きくなったパーラタは、河を歩いて渡ろうと、愛用の大きな琵琶《びわ》を首に結びつけ、妻の手を引いて河の中へ入って行きました。ところが琵琶には大きな穴があいています。そこへ水が入ったのですから、酔っていたパーラタは一たまりもなく琵琶の重みで沈《しず》みはじめました。妻はそれを見ると手をふりほどいて、岸へ上がってしまったのです。パーラタは水を飲んで、お腹《なか》はふくれ、浮いたり沈んだりしながら流されはじめました。この時妻は岸辺《きしべ》から、『あなた、私に何かちょっとした歌を教えておいて下さいな。私はそれを歌って暮らしを立てていきますから』

と叫んだのです。パーラタはあえぎあえぎ、

『歌うどころか、私は今、この水に殺されようとしているのだ。いつも私に恵《めぐ》みを与

え、私を守り喜ばせてくれた水にだ。ああ、何よりのより所として頼りすがっていたそのものから、この大きな恐怖《きょうふ》が生まれたのだ』

と言いながら、遠くへ流されて行ってしまいました。王さま、水は人々が生きていくために、無《な》くてはならないものです。人々は水を何よりの頼りとし、水にすがって生きています。国王もまた人々にとってはこの水と同じです。もし国王ご自身の所から恐怖が生じました時には、誰もそれを取り除《のぞ》くことはできません。王さま、こんどの事件は極秘《ごくひ》でございます。賢《かしこ》いお方ならすぐにもおわかりいただけるように私はお話し申したつもりでございます」

と言いました。けれども王さまはまるでわかろうとしません。

「このような話を聞いても余にはさっぱりわからぬわ。何でもよい、早く盗賊をつかまえてまいれ」

となおも重《かさ》ねて命じたのです。そこで少年は、

「それでは次の物語をお聞き下さい」

と二番目の話をはじめました。

「昔、ベナレスの近くの村に、一人の陶器作《とうきづく》りが住んでいました。この男はいつも同じどうくつから、材料にする粘土《ねんど》を採《と》っていたのです。そのためいつの間にかこののどうくつには、大きな穴ができていました。ある日、男がいつものようにそこで粘土を掘《ほ》っていると、にわかに大雨が降《ふ》って来ました。と、みるみるうちに雨水が、音を立ててどうくつに流れ込んで来たのです。逃げ出すひまなどありません。まごまごしているうちに、そうでなくても薄《うす》くなっていた回りの土はぐずぐずにゆるんで、いきなりどさりと陶器作りの頭の上に落ちて来たからたいへんです。重い粘土の下敷《したじ》きになって頭を砕《くだ》かれたその男は、

『植物の種《たね》が芽ぶいて成長し、人もまた安らかに住むこの大地が、今、私の頭を砕いてしまった。ああ、何よりのより所として頼りすがっていたそのものから、この大きな恐怖が生まれたのだ』

とつぶやきながら死んでしまいました。王さま、この話のように、人々にとって大

地にも等しい国王が、もし盗みを働かれるようなことがあれば、誰が一体これを防《ふせ》ぐことなどできましょう。王さま、このように申し上げましたなら、この度《たび》の盗賊が誰であったか、もうおわかりのはずでございます」

こう言って少年は口をつぐんだのです。ところが王さまはまた、

「余にはそんなはっきりとせぬ言いようでは一向《いっこう》にわからぬ。『この者が盗賊です』とその手で盗賊をここへ連れて来るのじゃ」

と強引《ごういん》です。少年はそれでも王さまに傷をつけまいとして、さらに三つ目の物語をしたのです。

「王さま、お聞き下さい。昔、このベナレスの町で一軒の家が火事になりました。みんなあわてて逃げ出しましたが、主人は一人の召し使いに、

『私の部屋にある、貴重品の入っている箱を取って来てくれないか』

と頼んだのです。忠実な召し使いは火の中をくぐって主人の部屋に飛び込むと、箱を抱《かか》えて外へ走り出ようとしました。その瞬間、戸が熱風にあおられて、ばたりと閉

まったまま開かなくなってしまったのです。煙にまかれて逃げ場を失った召し使いは、じりじりと身体を焼かれながら、

『いつも煮炊《にた》きや暖房《だんぼう》で、あんなに役に立っていた、無くてはならない同じ火が、今、この私の手足を焼こうとする。ああ、何よりのより所として頼りすがっていたそのものから、この大きな恐怖が生まれたのだ』

と嘆《なげ》き悲しみながら焼け死んだのでございます。王さま、この火と同じように、人々の生活に無くてはならない存在である大切な人が、こともあろうに貴重な宝を盗んだのであります。それが誰であるかを、私に言わせることだけは、どうかおさせにならないで下さい」

少年はじっと、王さまの目を食い入るように見つめました。それでもまだ王さまは少年の心遣《づか》いを汲もうとせず、

「何としてでも盗賊を余に引き渡せ」

と言い張《は》るのです。しかし少年はやはりそれをはっきりとは言わずに、根気よくも

う一つ、もう一つと、物語を重ねていきました。ごちそうを食べすぎて消化不良を起こした男が、苦しみのあまり死ぬのではないかと思ってうめきながら、

「多くのバラモンや王族の命をつなぐ尊《とうと》い食べ物が、今、私を殺そうとしている。何よりのより所として頼りすがっていたそのものから、この大きな恐怖が生まれたのだ」

と言った話や、暴風のために手足に致命傷《ちめいしょう》を受けた男が、

「暑い季節の最後の月に、賢い人の祈りによって、人々を生きかえらせる同じ風が、今、私の手足を砕いてしまった。何よりのより所として頼りすがっていたそのものから、この大きな恐怖が生まれたのだ」

と悲しんだ話。昔、ヒマラヤ山の中腹《ちゅうふく》にあった一本の大樹に、数千羽の仲間達と一緒に住んでいた鳥の王さまが、繁《しげ》り合った二本の枝がふれ合って、ぱっと小さな火花を散らし、やがてそこから煙が立つのを見て、

「我々が安らかに暮らして来たこの大樹は、今や火の粉を散らしている。さあ、みんな一刻も早くここから離れて安全な場所に移ろう。何よりのより所として頼りすがっ

ていたそのものから、この大きな恐怖が生まれたのだ」

と仲間の鳥達を率《ひ》き連れてこの大樹から飛び去って行ったという話をして、食べ物・風・大樹それぞれと国王の存在を結びつけて、暗《あん》にわからせようとしたのです。それでもやっぱり駄目《だめ》でした。少年はそんな王さまにいささかあきれながらも、根気よく七番目の、こんどは少しばかり残酷《ざんこく》で、思わず王さまが耳を傾《かたむ》けたくなるような物語をはじめたのです。

「王さま、お聞き下さい。カーシ国のある村に、血筋《ちすじ》も正しく富も十分にある一軒の家がありました。この家の息子が父親が亡くなってからは母親一人を大切にして、朝晩よく仕えていたのです。母親はそんな息子に早く良いお嫁さんを迎えてやりたいと、一生懸命に探しました。やがて家同士のつり合いもよく、年頃もちょうど似合いの美しい娘を見つけた母親は大喜びで、息子の気が進まないのもかまわず、盛大な式を挙《あ》げて二人を結婚させたのです。新妻は物腰も優雅《ゆうが》で家風にも合い、夫と一緒にしゅうとめを大切にしてよく仕えましたから、母親は会う人毎《ごと》に息子の嫁をほめちぎって、

『まるでダイヤモンドのような嫁なのですよ』

と相好《そうごう》を崩していたのです。けれどもそれはしばらくの間でした。やがて、子供が一人、二人、三人とふえるにつれて、息子の妻は目に見えて強くなっていきました。それと一緒に、しゅうとめの悪口を折《お》りにふれて夫に告げるようにもなっていたのです。息子ははじめのうちこそ適当《てきとう》に聞き流していました。けれども毎日のようにこんな話ばかり耳にしているうちに、いつの間にか母親を、妻と一緒に本当に憎むようになっていたのです。果《は》ては世界中でこれほど悪い母親はないとさえ考えるようになりました。そのころには妻の実家の母親もこの家に住んでいたのです。妻の本音は言うまでもなく、一日も早くしゅうとめをこの家から追い出すことにありました。それなのにしゅうとめは当然のことながら、一向《いっこう》に家を出て行きそうにもありません。しびれを切らした妻は、ある日とうとう夫に向かってこう言いました。

『あなた、私にはもうとても、あなたのおかあさんのお世話をすることはできません。あんなおかあさんは一思《ひとおも》いに殺してしまって下さい』

これにはさすがの息子もぎょっとして、

『何を言う。私がお母さんを殺せるとでも思っているのか。二度とそんな馬鹿《ばか》なことを言うもんじゃない』

と激しい声で怒鳴《どな》りました。けれども妻は平然として、

『何も直接あなたが手を下す必要などありません。おかあさんがぐっすり眠っている間に、寝台《しんだい》ごと家の西側を流れている、あの人食いわにのいる河へ投げ込むだけでいいのです。後《あと》はわにが始末《しまつ》をつけてくれますから』

と言ったのです。妻は夫がどんなことでも聞いてくれるものとばかり思っていました。けれども母子の情というものは、そんな浅いものではありません。まして母親はもう年を取っているのです。ここまで来ると息子は、何としてでも自分の母親を守らなければならないと必死《ひっし》になってしまいました。そこでせっぱつまった息子は、母親同士、同じ部屋で寝台を並べているのを幸いに、一計を案じてこう言ったのです。

『それじゃお前、すぐに行ってうちのお母さんの寝台に、目印のひもを結びつけてお

きなさい』

妻はさっそく目印のひもを結びに行きました。息子は、家中の者がすっかり寝静《ねしず》まってからにしよう、それまで一眠《ひとねむ》りしておくからと、自分の寝台に横になりました。けれども実は眠ったふりをしていただけなのです。そうとは知らない妻は、自分も寝台に上がるとそのまま本当に寝入ってしまいました。息子はそれを確かめると、そろりと起き上がって足音を忍ばせ、母親達の寝室《しんしつ》に入ると手早く、目印のひもを隣の寝台に結び替《か》えてから、そっと自分の寝室に帰って来たのです。こうしておいて妻をゆり起こしました。

二人はさっそくひものついている寝台を静かに持ち上げて、わにの住む河へ投げ込んだのです。河ではわにがあっという間に妻の母親を食べてしまいました。

明《あ》くる日《ひ》、自分の母親を放《ほう》り込んだことを知った妻は、

『私の母はわにに殺されてしまいました。こんどはあなたのおかあさんを殺しましょう』

と言うのです。息子は背に腹《はら》は替《か》えられなかったからとはいえ、それと知って妻の

足跡を知る「じゅもん」

母親を自分の手でわにのえじきにしてしまった後《あと》だけに、すっかり心が荒れすさんでいて、もうどうにでもなれと捨てばちに、妻の悪魔のような気持ちに自分から巻き込まれていったのです。

『よし。それじゃこんどは火葬場へ運んで行こう。そこで火をつけた薪の中へ放り込んで殺してしまおう』

相談は決まって夫婦はその夜、よく眠っている母親を、寝台ごと火葬場へ運んで行きました。ところが着《つ》いてみると二人とも火を持っていません。そこで二人は寝台を置いて、火を取りに帰ったのです。その間に、年取った母親は冷たい夜風で目を覚《さ》ましました。どうも変だと辺《あた》りを見回すと火葬場です。横には薪が高々と積《つ》み上げられています。

(さては二人して、私を殺すつもりでここまで運んで来たのだ。きっと火を取りに帰ったに違いない。ようし、私の力のほどを見せてやろう)

母親は寝台からおりて、そばにあった死体を自分の代《か》わりにそこへ置くと、上から布を掛けて逃げ出しました。しばらく行くとうまい工合《ぐあい》に一つのほら穴があったので、母親は急いでそこへ入って隠れていました。息子夫婦は火を持ってもどって来ると、薪に火をつけて、燃え上がった中へ寝台を投げ込みました。

さて、母親の隠れていたほら穴ですが、そこには盗賊が、盗んで来た上等な衣類や宝石・貴金属《ききんぞく》などを包みにして置き忘れていたのです。そこで盗賊はそれを取りに来たのですが、ほら穴の中に一人の老婆《ろうば》がすわっているのを見ると、仰天《ぎょうてん》してしまいました。何分にもここは火葬場です。

（たいへんだ。ヤシャがいる。折角《せっかく》のお宝をこともあろうにヤシャに取られてしまうとは）

盗賊はあわてて悪魔払《ばら》いの祈とう師を連れて来ました。祈とう師はおもむろに『じゅもん』をとなえながら穴の中へ入って行ったのです。するとなるほど、一人の老婆がちょこんとすわっています。その老婆は祈とう師を見ると、

『私はヤシャなんかじゃありませんよ。そんな「じゅもん」はおよしなさい。そんな

ことより、二人でこの包みの中味を分けようじゃありませんか』

と言ったのです。祈とう師は、

『そんな言葉にのせられはしないぞ』

とまだ『じゅもん』をとなえ続けています。老婆はおかしそうに、

『うそか本当か、あなたのその舌を私のこの舌の上にのせてみればわかりますよ』

と言って口を開けたのです。祈とう師は何気なく言われるままに、自分の舌を相手の舌にのせました。その瞬間です。この気丈《きじょう》な年取った母親は、力まかせに祈とう師の舌を噛《か》み切って吐《は》き出しました。祈とう師は、

『ヤシャだっ、たしかにヤシャ女だっ』

と舌から血を流して悲鳴《ひめい》を上げながら、必死《ひっし》で逃げて行ってしまいました。

明くる日、母親は包みの中から特に上等な衣装《いしょう》を選んで身につけると、すばらしい金細工、銀細工の装身具《そうしんぐ》や宝石で、全身を輝《かがや》くばかりに飾《かざ》りました。その上、宝石類のざくざく入った包みを持って、我が家へ帰って行ったのです。しゅうとめの何とも

豪華《ごうか》な身なりや、持って来た高価な品々に、息子の妻は驚きのあまり目を見張《みは》って、今までのいきさつなどを考えるいとまもなく、思わず尋ねてしまったのです。

『おかあさん、それはどこで手に入れていらっしゃいましたの』

　年取ったしゅうとめは、

『ああ、これならあの火葬場で、薪を積んで火葬にされれば、誰でも手に入れることができますよ』

ことともなげに答えたのです。息子の妻はこれを聞くと、夫には何も言わずにすぐさま火葬場へ行って、自分から積み上げた薪に火をつけてその中に飛び込みました。

一方、息子は母親が帰って来たのを知ると、言いようのない恐ろしさとほっとした複《ふく》雑《ざつ》な気持ちになっていましたが、こんどは妻の姿が見当たりません。そこで、

『お母さん、こちらに来てはおりませんか』

　と母親の部屋へ妻を探しに入って行ったのです。年取った母親はそんな息子をにらみすえ、怒りで身体をふるわせながら、

『この親殺しの極悪人《ごくあくにん》。どうして一度焼け死んだ者が生きて帰ってなど来るものですか。お前の妻は今ごろもう、私が着て来た豪華な衣装や、持って帰った貴金属や宝石ほしさに、自分から火葬場の薪の上で焼け死んでいることでしょう。お前のためにも家のためにも、年を取っていく私のためにも、美しい花輪《はなわ》を飾り、上等のお香《こう》を塗《ぬ》って、喜び迎《むか》えたはずのお前の妻は、何と私をこの家から追い出そうとしたばかりか、殺そうとさえしたのです。ああ、私が何よりのより所として頼りすがっていたその人から、この大きな恐怖が生まれたのです』

こう言って息子を責めました。王さま、この嫁としゅうとめの間柄《あいだがら》のように、人民の保護者であるべき国王の手許《てもと》から、人々に被害の及《およ》ぶ事件が持ち上がったならば、どうすることもできなくなるのです。どうかそれをご賢察《けんさつ》下さい」

と言って話を終わったのです。それでもまだ王さまは、

「そちの話では合点《がてん》がいかぬ。とにもかくにも盗賊を連れて来い」

と命じるばかりでした。少年はこんども事の重大さを考えて、今一つ、八つ目の物

語をすることにしたのです。

「王さま、昔、このベナレスの町に一人の男が住んでいました。男は長年願い続けていた男の子が生まれて来た時、それこそ天にものぼる気持ちで躍《おど》り上がって喜びました。掌中《しょうちゅう》の玉と申しますが、その通り宝物を守るようにその子供を大切に育て上げたのです。やがて息子が成人すると、妻を迎えてやりました。男が元気で働いていた間は家庭も円満でなごやかでした。けれども男が老人になって仕事ができなくなった時、息子は年取った父親に向かって言ったのです。

『お父さん、あなたはもう仕事も何もできないのです。この家から出て行って下さい』

年取った男は仕方《しかた》なく、長年住みなれたわが家をあとに、物乞《ご》いをして歩きながら、細々と命をつないでいました。男にとって、これはまったく思いもかけないことだったのです。枯《か》れ木《き》のようにやせ細った老人は、ある日、ほうけたように虚空《こくう》を見つめてすわっていました。幸福だった遠い日を胸に思い起こしていたのです。

（あの子がこの世に生まれて来た時、わしは心底《しんそこ》嬉しかった。世の中が隅から隅まで輝いて見えたものだ。わしは胸を張ってこの同じ町を歩いていた。『私には息子が生まれたんだぞ』と大声で叫びたかった。その日からわしの心はいつもあの子のことでいっぱいになっていた。病気をしないか、けがはしないか、とただ一生懸命に育てて来た。あれはすくすくと育って立派に成人した。嫁を迎えて家庭を持った。わしの老後は安らかで幸せなものになると誰もがそう信じていたのだ。しかし今、私を支えてくれるものは一本の杖《つえ》しかない。ああ、わしが何よりのより所として頼りすがっていたそのものから、この大きな恐怖が生まれたのだ)

と。王さま、父親が年を取って働くことができなくなれば、生活力のある息子がその親を守るのは当然のことです。それをしない時にはこのような結果になるのでございます。それと同じように、人民は国王の保護によってはじめて安心して生きていくことができるのです。そこから恐怖が生じてはただごとではすみません。こんどの盗《とう》難《なん》事件はその国王の手許から起こっているのでございます。私のこの言葉から、誰が盗賊であるかを王さまに知っていただかなければなりません」

ここまで言われてもまだ王さまは、

「そちの話など余には皆目《かいもく》わからぬわ。そんな話より、すぐにも盗賊をここに引きすえて見せるのじゃ。いつまでもつべこべ申して連れて来ぬなら、そちを盗賊としてひっとらえるからそう思え」

とまで追いつめてしまったのです。少年はいたし方なく、

「それでは群衆《ぐんしゅう》の目の前で、誰と誰とが盗賊であったかを、私の口からはっきり申しましょう」

と言いました。愚《おろ》かな王さまはその結果がどんなことになるかなど少しも考えず、王者のおごった心から、

「おお、できるものならそうするがよい」

といかにもおおように命じたのです。少年はもうこの王さまをかばう必要はない、事実をはっきり人々に伝えようと、集まって来た群衆に向かって、よく通る力強い声で本当のことを言いました。

「みんな、私のこれから言うことをよく聞くのです。この度の盗難事件は、すべて王さまと司祭官の仕組んだことで、盗賊はこの二人だったのです。人々が何よりのより所として頼りすがっていたそのものから、この大きな恐怖が生まれたのです」

これを聞いた群衆は、驚き、あきれ、腹を立てて、国を正しく治め、国民に安らかな生活を保証しなければならないはずの国王と司祭官が、事もあろうに罪人をでっち上げるつもりだったのかといきり立って、手に手にこん棒《ぼう》や杖を持って押し寄せると、その場で二人を打《う》ち殺してしまいました。そのあと、人々は相談して、この賢《かしこ》い少年を国王の位《くらい》に即《つ》かせたのです。

津田直子（つだ・なおこ）
1924年　大阪市に生まれる。
1950年　慶應義塾大学文学部卒業。国文学専攻。
　　　　大正新脩大蔵経等の復刊に携わる。
　　　　仏教童話作家として活躍。
2014年　逝去。
著　書　『童話ジャータカ物語』、童謡集『空の悪魔』他

ジャータカ物語《ものがたり》（上）　第三文明選書14

2018年12月10日　初版第1刷発行

著　者　津田直子《つだなおこ》
発行者　大島光明
発行所　株式会社 第三文明社
東京都新宿区新宿1-23-5　郵便番号　160-0022
電話番号　03(5269)7144　（営業代表）
03(5269)7145　（注文専用ダイヤル）
03(5269)7154　（編集代表）
URL　http://www.daisanbunmei.co.jp/
振替口座　00150-3-117823

印刷・製本　中央精版印刷株式会社

ISBN 978-4-476-18014-5